國家圖書館
特藏珍品

乾隆御製稿本 西清硯譜

［第一册—第二册］

上海書畫出版社

出版説明

《乾隆御製稿本西清硯譜》成於清乾隆四十三年（一七七八），爲内閣中書門應兆以當時已經傳入中國的西洋光影法，即現在稱之爲透視畫法繪製而成。全書分爲二十四卷，共收録清内府所藏歷代名硯二百四十枚。

該書主要特點有三：一、時間跨度大，其年代上迄漢代，下至清乾隆年間，體現了我國近一千五百年的硯臺文化發展脉絡；二、名家名硯多，所繪硯臺囊括了褚遂良、米芾、蔡襄、蘇軾、黄庭堅、趙孟頫、虞集、文徵明、唐寅等文人曾珍藏使用之名硯，體現了中國硯文化之博大精深；三、所收形制、材料極爲豐富，端硯、歙硯、洮硯、澄泥硯以及松花硯等在書中皆有詳細記録和展現，硯臺的形制更是豐富多彩，蟠螭、龍珠、蕉葉、東井、蘭亭等，各種題材皆有。

故而，《西清硯譜》是一部對中國硯文化進行完整梳理的、圖文并茂的珍貴古籍，而本次我社出版的《乾隆御製稿本西清硯譜》是首次面世的抄稿底本，其版本價值更爲難能珍貴，非文淵閣本、藏書閣本、文華堂本三種刻本可比擬。從稿抄本的記録中可反映出當時編著者選擇硯臺編入此書的先後過程、對硯臺特點進行描述的仔細斟酌，與存世刻本比對校勘之後，更能發現該書編撰過程中各種細節差异。同時，二百四十方硯臺以西洋畫法精心繪制，

目録

簽篆隸謄錄嵇承恂補寫硯邊
篆隸等字并繪圖畫

第一冊

御製西清硯譜序

向詠文房四事謂筆硯紙墨文房所必資也然筆㝡不耐久所云老不中書紙次之墨又次之惟硯為㝡耐久故自米芾李之彥輩率譜而藏之以為藝林佳話内府硯頗夥或傳自勝朝或弆自國初如晉玉蘭堂硯辟水暖硯久陳之乾清宮東西暖閣因思物鮮地博散置多年不有以薈綜稡記或致遺佚失傳為可惜也因命内廷翰臣甄覈品次圖而譜之凡舊藏者若干枚散置者

以自解乎抑亦所以自訟乎

乾隆戊戌孟春月下澣

御製序

欽定西清硯譜

欽定西清硯譜凡例

一自帝鴻創墨海之規金匱載硯書之訓硯之為制尚矣嗣後香姜銅雀間出刼灰龍尾鸜睛别珎山骨若宋蘇易簡蔡襄諸人所譜米芾之史高似孫之箋或摻觚之士享其敝帚或好古之家矜其耳食非陋即誣是譜著錄遠溯漢代近逮

本朝凡經名人鑒藏佳硯悉係

内府舊儲繪圖著說冠以

大而
聖人心法治法全體大用備焉已
一陶泓結友首契墨卿兩漢以降王蘭辟水著美晉
時菱鏡石渠標奇唐代古硯流傳大約陶石二種
為夥是譜所登先陶於石以未央之瓦三臺之甎
較之六朝製石閱代尤遠從其朔也
一古今佳硯固貴質美工良而鑒賞品題因人增重
是譜敘次[redacted]按時代先後而於命名象物義取斷章

附識緣起並與其餘陳設各硯均於每卷子目下
詳書硯貯某處庶即分見合更便撿閱
一譜内硯説先尺度次石質次形製無論硯及硯匣
凡收藏名人姓氏出處必核其紀年署款公私印
記與歷朝史傳文集説部諸書符合與否細加考
證呈
覽甄定即隻字半章亦必旁搜詳訂間有闕疑愈昭矜
慎其前人銘跋成文者方録附

三四面者盖
御題鈐寶及前人銘欵印記分列各面非是不能彙其
全也
一是譜蒼萃古今得硯二百陶則漢甓稱首而唐宋
以下澄泥舊製胥錄焉石則晉硯開先而端歙護
村諸舊石屬焉餘若玉磁二種雖曾載米史而流
傳頗尠且不適用紫金紅絲之類雖諸家亦曾記
錄而石質較遜祇堪附載以備一體不登正錄洪

乙夜披覃淋漓丹墨以殿斯譜不獨如獅尾神王抑足為石友慶遭逢於不朽爾云

乾隆四十三年歲在戊戌嘉平月 臣于敏中 臣梁國治 臣王杰 臣董誥 臣錢汝誠 臣曹文埴 臣金士松 臣陳孝泳奉

勅恭校訂 臣門應兆奉

勅恭繪

此行頂格寫

欽定西清硯譜目録

此行低一格

第一册

此三字在第一册下空一格寫

陶之屬

此行低二格寫各卷倣此

魏興和甎硯 樂壽堂
唐石渠硯一 乾清宫
唐石渠硯二 樂壽堂
唐澄泥六螭石渠硯
唐八棱澄泥硯 獅子林
第三冊
陶之屬
宋宣和澄泥硯

宋方井硯　乾清宫

第四册

陶之屬

宋澄泥海嶽硯　蓬島瑶臺

宋澄泥括囊硯　碧琳館

宋四螭澄泥硯　符望閣

宋澄泥圭硯　御蘭芬

宋澄泥石渠硯

宋澄泥列錢硯 絳雪軒

宋澄泥蟠夔石渠硯

宋澄泥倣建安瓦鐘硯

宋澄泥倣唐石渠硯

宋澄泥海濤異獸硯

元趙孟頫澄泥斧硯 養心殿

元虞集澄泉結翠硯 養性殿

元澄泥龍珠硯 乾清宮

舊澄泥伏犀硯

舊澄泥鐘硯

舊澄泥四直硯

第七冊

石之屬、

晉王廞辟水暖硯 乾清宮

晉玉蘭堂硯 乾清宮

唐褚遂良端溪石渠硯

宋宣和八卦十二辰硯
宋宣和八柱硯 熱河
宋端石睿思東閣硯 乾清宫
宋蘇軾石渠硯 翠雲館
宋蘇軾結繩硯 敬勝齋
宋蘇軾東井硯 咸福宫
宋蘇軾端石硯 玉玲瓏館
宋蘇軾從星硯 景福宫

宋蘇軾從星硯 景福宮

宋蘇軾端石硯 玉玲瓏館

宋蘇軾東井硯 咸福宮

宋蘇軾結繩硯 漱芳齋

宋蘇軾石渠硯 翠雲館

宋端石春思東閣硯 乾清宮

宋宣和八柱硯 熱河

宋宣和八卦十二辰硯

宋薛紹彭蘭亭硯延春閣

宋楊時金星歙石硯

宋陸游素心硯御蘭芬

宋吴儆井田硯

宋文天祥玉帶生硯養性殿

宋鄭思肖端石硯

第十冊

石之屬、

宋端石皺文硯魚躍鳶飛
宋端石登瀛硯清暉閣
第十一册
石之屬
宋端石歸去来辭硯安瀾園
宋端石貨布硯澤蘭堂
宋端石七星硯獅子林
宋端石風字硯

宋端石印川硯
宋端石三虎硯
宋端石洛書硯
宋端石五丁硯
宋端石鳳池硯
宋端石重卦硯
宋端石紫袍金帶硯
宋端石石渠秘閣硯 賞皇八子

宋蕉白太素硯

宋蕉白文瀾硯

宋綠端蘭亭硯

宋龍尾石涵星硯 澄虛榭

第十四冊

石之屬

宋臒村石泰交硯 皆春閣

宋臒村石聽雨硯 熱河

第十五册

石之屬

明文徵明琭玉硯養心殿

明董其昌畫禪室端石硯養心殿

明項元汴緋硯、養性齋

明項元汴東井硯咸福宫

明林春澤人瑞硯安瀾園

明楊明時子石科斗硯

舊端溪子石五明硯 秀清村

舊端石弦文硯 瀛臺

舊端石折波硯 淳化軒

舊端石九子硯 熱河

舊端石弁星硯 延春閣

舊端石荷葉硯

舊端石蟬硯 延暉閣

舊端石饕餮夔紋硯 養心殿

舊端石松皮硯

舊端石括囊硯

舊端石浮鵞硯

舊端石星羅硯

第十八冊

石之屬

舊端石七螭硯

舊端石海日初升硯

第十九冊

石之屬

舊端石瑞芝硯

删此一行

舊端石縠文硯　齋宫

舊端石蟠桃硯

舊端石轆轤硯

舊端石雲雷編鐘硯　養性齋

舊端石天然壺盧硯　養和精舍

舊蕉白雙螭硯 懋勤殿

舊蕉白匏葉硯 昭仁殿

舊蕉白雙螭瓦式硯

舊蕉白龍池硯 自鳴鐘

舊蕉白瓜瓞硯 賞皇十五子

舊綠端浴鵞硯

舊紫端朗月踈星硯

舊紅絲石鸜鵒硯

舊艭村石玉堂硯懋勤殿

舊艭村石蘭亭硯賞皇八子

朱彝尊井田硯弘德殿

第二十二冊

附録

松花石雙鳳硯

松花石甘瓜石函硯

松花石壺盧硯

附録

紫金石太平有象硯
駝基石五螭硯
紅絲石風字硯
紅絲石四直硯
澄泥八方硯
倣䴡興和甎硯 弘德殿
倣唐八棱澄泥硯 樂壽堂

青纸三枚

倣漢未央甎海天初月硯

倣漢石渠閣瓦硯

倣唐八稜澄泥硯

倣宋玉兔朝元硯

倣宋德壽殿犀文硯

倣宋天成風字硯

青纸二枚

倣古六硯 淳化軒

青纸三枚

倣漢未央甎海天初月硯

倣唐八棱澄泥硯
倣宋玉兔朝元硯
倣宋德壽殿犀文硯
倣宋天成風字硯

漢銅雀瓦硯四 别有洞天
漢銅雀瓦硯五 熱河
漢銅雀瓦硯六 寧壽宫

漢未央宮東閣瓦硯正面圖

繪圖十分之六

漢木夫當東闕大殿正面圖 縮圖十分之一

漢未央東閣瓦硯銘款圖

噲豨越布皆功狗相國蕭
鎮常居守楚歌四起霸業
墮漢王南面朝九有功成
治定作未央連雲榱棟將
修富翡翠參差霞反宇日
射華光入文牖燕啄皇孫
炎火徽頓教闕戶嗟豐鄗
金銅仙人辭漢去清淚汍
汍濕肩肘一木難支大廈
傾荊煙墟露埋形久何人
湔剔供濡豪青鐵視此翻
覺醜呵之有澤理緻精槃
而不壞純且厚以靜為用
故永年尚御螺子為文友
銅雀硯亦擅佳名陶成四
百年以後共置明窗淨几
間阿瞞有知應自咎鄴侯
豈藉是硯傳是硯真因鄴
侯壽

乾隆御題

金華　宋濂　宋玩

炎祚開紫
宮新飾甓
莫來千古
宜豪墨辟
府珍　臣由敦

歲古不磨物堅斯壽宮
弗獸甲器亦求舊眷茲
鴛飛用儕鳳味製樸以
淳質渾而厚潤色鴻文
功昭世宙　臣宗萬敬銘

元雲蒸蒼玉獲未央
瓦鄴侯作軼甘泉蘱
銅雀刀筆意早相託
到於今伴圖籍播清
芬石渠閣　臣詩正

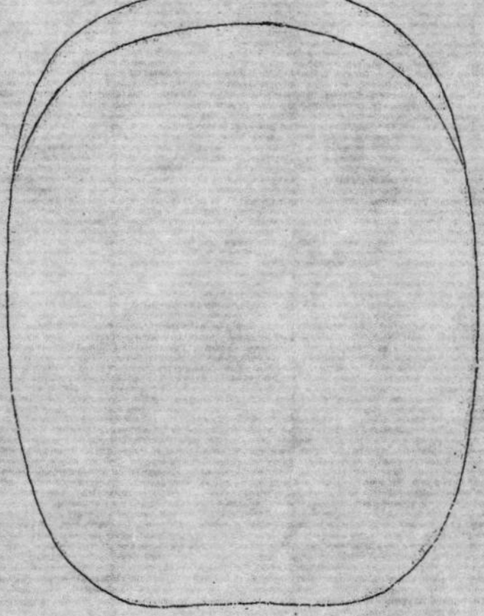

集賢學士
虞集伯生
甫玠藏

漢宮鴛瓦乎匯玉匯石承
明鳳池乎如圭如璧長奉
君王染翰乎億萬年其無
斁　臣邦彥敬銘

阿房火後未央出高拂星辰
薄雲日轉眼銅駝臥荊棘瓦
聲隨地秋蕭瑟雨蝕沙埋
光彩溢題字摩挲未全失
繄誰規作文房物觀乎人文
占象吉招邀龍賓走不聿
龍以緹緗副芸帙用佐休明
彰黼黻　臣日修敬銘

前千百年漢家
為宮陶人效之
鄴侯監之後千
百年漢宮何在
耕者得之文房
用之　臣若靄

未央宮成刀筆吏參
差萬瓦如鱗次宮殘
一片寶于珉斑斑猶
見鄴侯字巧匠鐫
此硯材星御管子局
驅使黝色長沾雨氣
青堅光不礙霜華漬
回眄當年萬瓦羣蓋
與唫等名相廁　臣邦達

自字起

字隸書」臣董邦達書書書詩一首楷書右旁鐫臣
汪由敦銘一首篆書臣勵宗萬銘一首楷書下方
鐫臣陳邦彥臣裘曰修銘各一首俱楷書硯背印
未央宮東閣瓦六字右印大漢十年四字左印鄼
侯蕭何監造六字俱陽文隸書四周葛麻文邊角
微有刓缺考宋陸游著有老學菴筆記虞集字伯
生仕元爲集賢學士明宋濂金華人官學士承旨
知制誥是硯膚理密緻黝黑如歙溪坑石而體質

錫銘三友豈非陶氏精英有美必合者乎

御製題漢未央宮瓦硯（東刻）

噲豨越布皆功狗相國蕭縱常居守楚歌四起霸業墮
漢王南面朝九有功成治定作未央連雲榱棟將侈富
叶翡翠參差霞反宇日射華光入文牖燕啄皇孫炎火
徵頊教闚戶嗟豐部金銅仙人辭漢去清淚汍汍濕肩
肘一木難支大廈傾荊煙墟露埋形久何人淘剔供濡
毫青鐵視此翻覺醜呵之有澤理緻精爕而不壞純且
厚以靜為用故永年尚御螺子為文友銅雀硯亦擅佳

臣董邦達七言古詩　未央宮成刀筆吏參差萬
瓦如鱗次宮殘一片寶於珉斑斑猶見鄴矦字
巧匠鐫鑱作硯材墨卿管子同駐使黝色長沾
雨氣青堅光不礙霜華漬回眎當年萬瓦羣羞
與噲等名相廁

臣汪由敦銘　炎祚開紫宮新陶甓良垂千春宜
豪墨辟府珍

臣勵宗萬銘　歲古不磨物堅斯壽宮弗厭卑器

副芸帙用佐休明彰黼黻

漢未央宮北温室殿瓦硯正面圖

繪圖十分之六

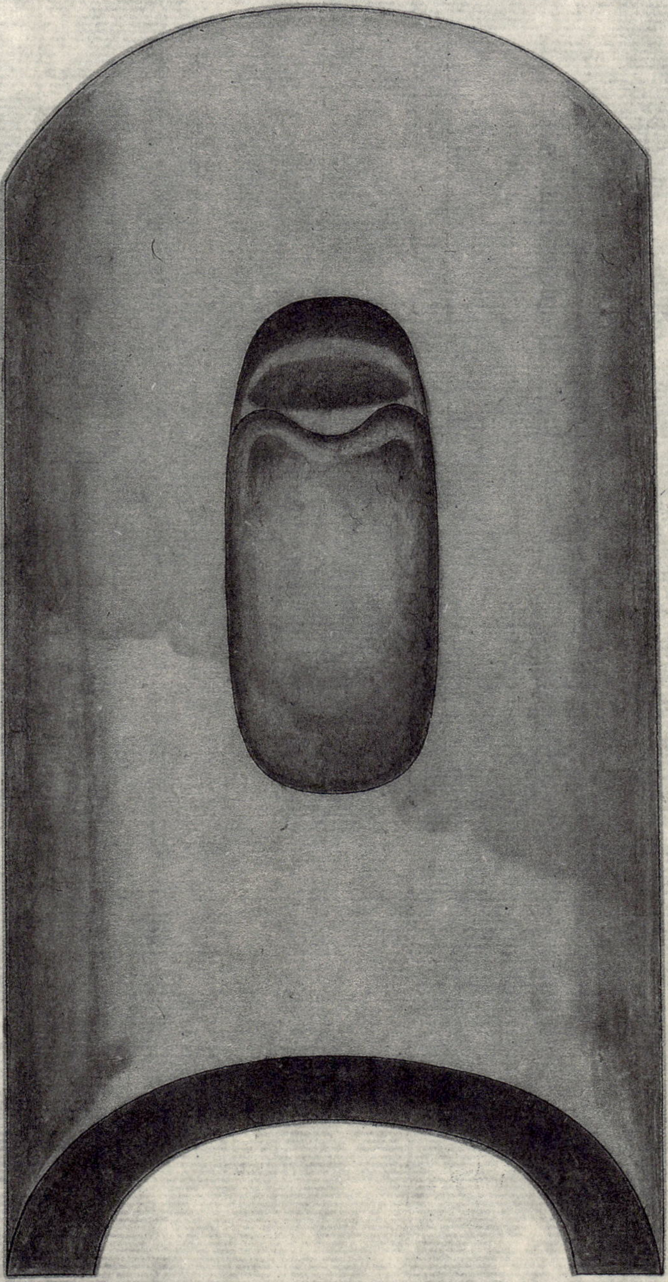

漢未央宮北温室殿瓦硯蔀首側面圖

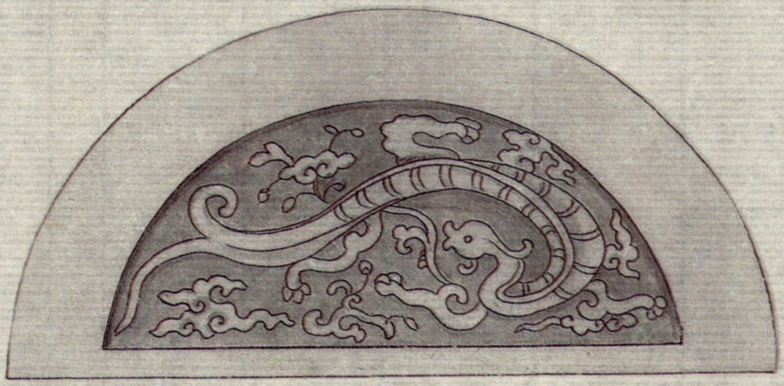

九

漢未央宮北温室殿瓦硯說

硯高七寸八分兩趺相距四寸五分厚六分筩穹起二寸四分質理堅緻色黝黑受墨處橢圓式硯池深四分左方鐫喬蕢成家藏五字隸書下有駙馬都尉晉卿家藏方印一右方有鮮于圓印一伯幾方印一困學齋方印一筩首側作雲螭文硯上方鐫御題銘一首楷書鈐寶二曰乾隆曰御玩左側鐫臣汪由敦銘一首篆書臣張若靄臣董邦達銘各一首

御題銘與硯同隸書鈐寶二曰幾暇怡情曰得佳趣

御製題漢未央宮北溫室殿瓦硯銘

赤帝肇基酇侯正宅陶人為瓦堅若金石宵露凝精曦陽耀魄歷歲二千印花暈碧佳士振奇摩抄惋惜曰是良材不礱而澤潤宜柔翰緻泛松液作硯惟寶重逾拱璧鑒賞秘藏流傳屢易曩遘陽九淪委沙礫貢珎天府輝映東壁臨池靜對俛仰今昔締構經營英姿奕奕懷賢興慕鑑古增惕何有區區文章字畫龍賓就名蟾蜍滴瀝摛藻西京卿雲接跡

臣梁詩正銘　卯金銷留瓦注鴛鴦影已分蟾蜍
氣方吐猶記當年簪筆人巡簷默數庭前樹

臣勵宗萬銘　来自漢室寶此研田玉不碎兮瓦
亦全盛以仙露潔且鮮

臣裘曰修銘　漢業既成未央是營温室深閟萬
瓦鱗次越数千年瓦猶獲全登之文囿用為硯
田製自工師琢同圭璧物無棄材視此遺甓

臣陳邦彥銘　縝而潤栗而温漢社已屋宮瓦猶

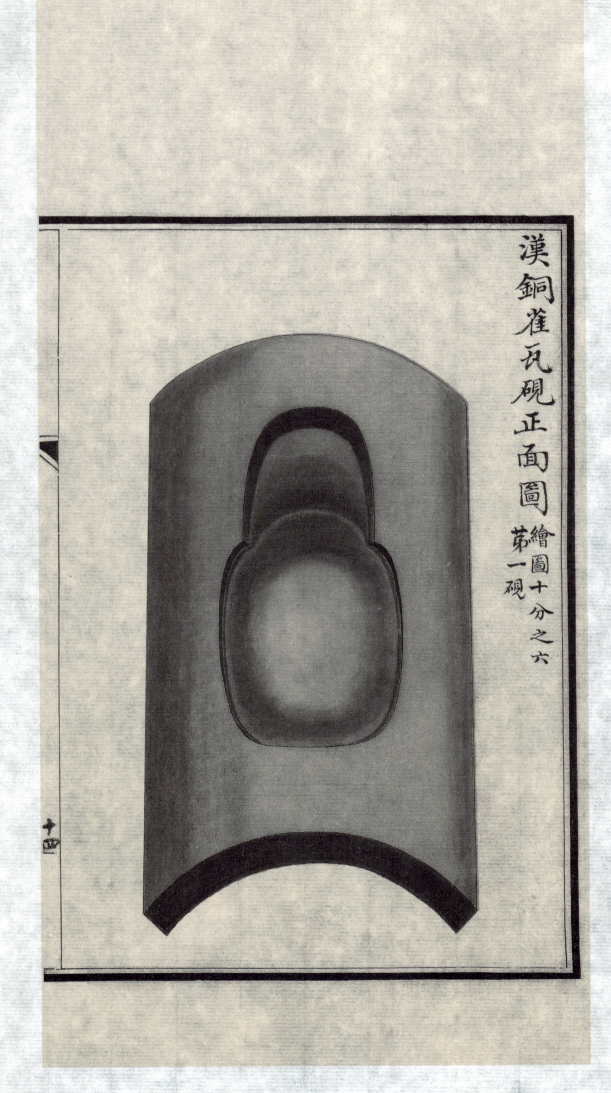

漢銅雀瓦硯正面圖

繪圖十分之六

第一硯

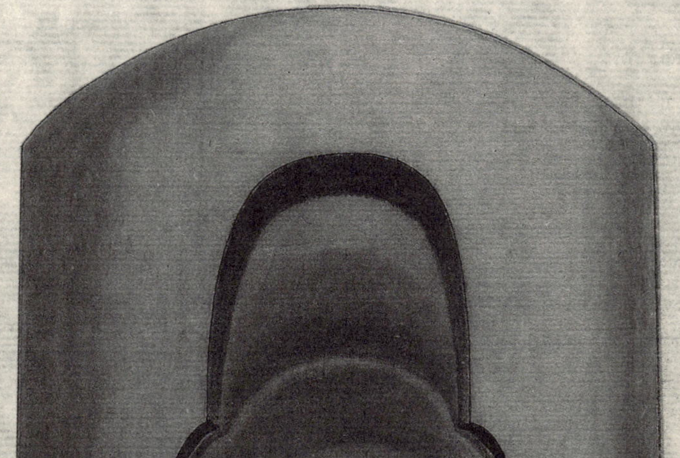

十四

漢銅雀瓦硯銘款圖

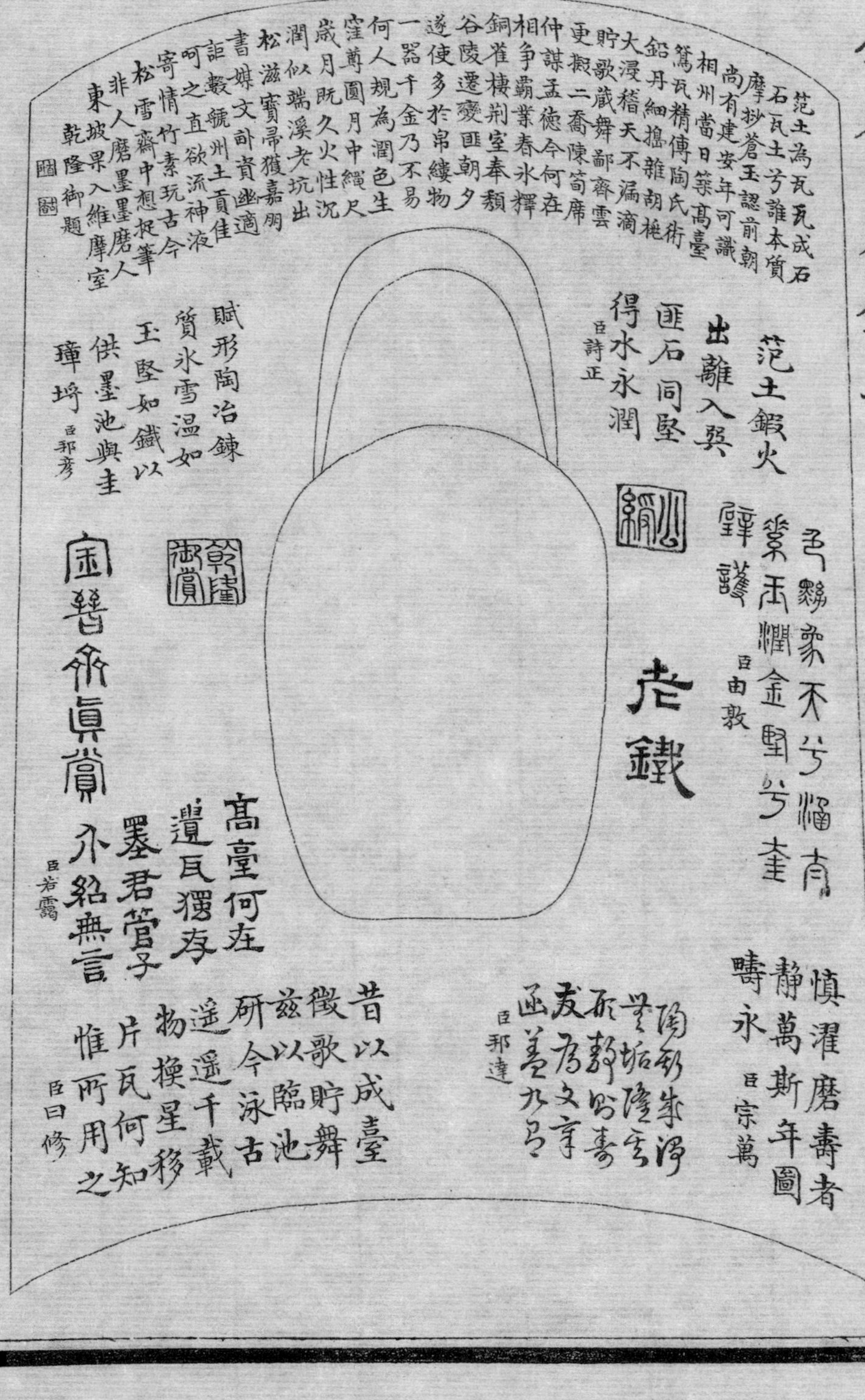
范土為瓦瓦成石
石瓦土兮誰本質
摩抄蒼玉認前朝
尚有建安年可識
相州當日築高臺
鴛瓦精傳陶氏術
鉛丹細搗雜胡桃
大浸稽天不漏滴
貯歌藏舞鄴齋雲
更擬二喬陳筍席
仲謀孟德今何在
相爭霸業春冰釋
銅雀棲荊室奉類
谷陵遷變匪朝夕
遂使多於帛縷物
一器千金乃不易
何人規為潤色生
窪尊圓月中繩尺
歲月既久火性沉
潤似端溪老坑出
松滋寶帚獲嘉朋
書媒文部資幽適
詎數鏡州土貢佳
呵之直欲流神液
寄情竹素玩古今
松雪齋中想捉筆
非人磨墨墨磨人
東坡果入維摩室
乾隆御題
范土鍛火
出離入巽
匪石同堅
得水永潤
臣詩正
紫玉潤金堅兮奎
壁護
臣由敦
老鐵
賦形陶冶鍊
質冰雪溫如
玉堅如鐵以
供墨池與圭
璋埒
臣邦彥
寶晉齋真賞
高臺何在
遺瓦獨存
墨君管子
介紹無言
臣若靄
慎濯磨壽者
靜萬斯年圖
疇永
臣宗萬
臣邦達
昔以成臺
徵歌貯舞
茲以臨池
研今泳古
遙遙千載
物換星移
片瓦何知
惟所用之
臣曰修

十五

是書體例左在前
右在後應移寫

書臣汪由敦銘一首篆書臣勵宗萬銘一首楷篆書
臣董邦達銘一首草書左旁鐫臣陳邦彥銘一首
楷書臣張若靄銘一首隸書臣裘曰修銘一首楷
書左邊側面有松雪齋藏四字篆書硯背印建安
十五年五字陽文隸書上印古錢一文曰寶貨下
印天鹿形一隆起分許四周葛麻文考寶晉松雪
二齋為宋米芾元趙孟頫齋名元楊維楨號鐵崖
亦自稱曰老鐵明姚綬字公綬嘉興人號雲東逸史善書畫是

十六

御製題漢銅雀瓦硯

范土為瓦瓦成石石瓦土兮誰本質摩挲蒼玉認前朝
尚有建安年可識相州當日築高臺鴛瓦精傳陶氏術
鉛丹細搗樵胡桃大浸稽天不漏滴貯歌蔵舞鄴齊雲
更擬二喬陳筍席仲謀孟德今何在相爭霸業春氷釋
銅雀樓荊室奉頽谷陵遷變匪朝夕遂使多於帛縷物
一器千金乃不易何人覩為潤色生窪尊圓月中繩尺
歲月既久火性沉潤似端溪老坑出松滋寶箒[帚]獲嘉朋

十七

此行右擡
御製成字
另行書如係欽定隆

臣董邦達銘　陶斯成淨無垢隆其形靜則壽發爲文章函蓋九有

臣陳邦彥銘　賦形陶冶鍊質冰雪溫如玉堅如鐵以供墨池與圭璋埒

臣張若靄銘　高臺何在遺瓦獨存墨君管子介紹無言

臣裘曰修銘　昔以成臺徵歌貯舞茲以臨池研今泳古逶遙千載物換星移片瓦何知惟所用之

[illegible]

漢銅雀瓦硯正面圖

繪圖十分之六

第二硯

十九

漢銅雀瓦硯銘款圖

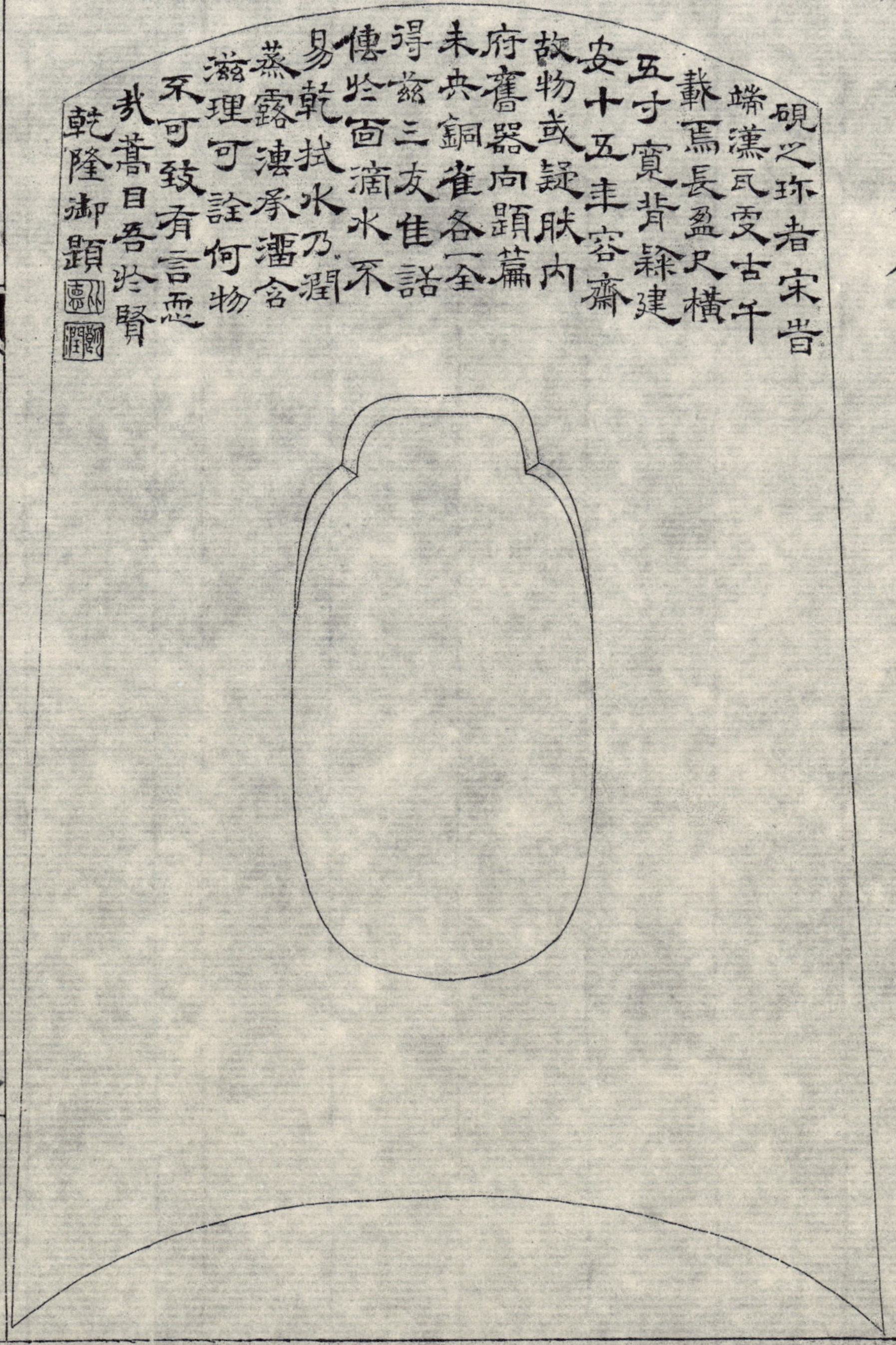
硯之珎者宋皆
端漢瓦叓古千
載焉長盈尺橫
五寸寬背隸建
安十五年容齋
故物或疑朕内
府舊器向題篇
未央銅雀各一全
得茲三友佳話
傳於面滴水不
易乾拭水乃潤
蒸露溓承瀋含
滋理可詮何物
不可致有言惡
哉蕎目吾於賢
乾隆御題

二十

漢銅雀瓦硯說線圖

令字起

石液內含水氣外溢也前未央銅雀二瓦色皆青黑此獨黄類澄泥當由埏埴時取材既殊火色亦有深淺且入土年久與黄壤融洽較取之漳水中者不同亦猶古銅器有南出土西出土之别耳要其淘煉精良如陶弼銅雀瓦硯詩所云煉盡沙石滓陶成金玉胚者其致一也考宋洪适客齋續筆稱先世得瓦硯長尺有半濶八寸背有隱起隸字曰建安十五年此瓦款製如之而尺寸較小三之

御製題漢銅雀瓦硯

硯之珍者宋時端漢瓦更古千載焉長盈尺橫五寸寬背隷建安十五年容齋故物或疑然内府舊器向題篇未央銅雀各一全得兹三友佳話傳於面滴水不易乾拭水乃潤蒸露溥承溜含滋理可詮何物不可致有言恧哉蒿目吾於賢

識語 謹攷宋洪适容齋續筆云先世得瓦硯二長尺有半闊八寸中爲瓢形背有隱起六隷字曰

二十三

夫人春十閣之十中不雋之青春[illegible]吉日

論古 冀政有以道衣榜鄭年大[illegible]

紀今萬日本亦有

於木不源泉之遠東來器人合東西可於今物不下致有言

本史同泉人一今自泉三丈行詰傳北面滿大木見記

井寺道安十要十二寺奉有為向史夫內有書書西有[illegible]

從之外木下將而浸文更古十亦有可夫萬義上十年

奇安要書而十夫則

澄泥硯水自不涸韓琦詠古瓦硯詩有當時此瓊近簷溜之句此漢瓦硯昔年既承簷溜且閲歲久遠故能含潤耳

二十三

漢銅雀瓦硯正面圖

第三硯

繪圖十分之六

二十四

漢銅雀瓦硯銘款圖

金仙一去鄴臺荒也銅雀片瓦羽之吉光也窪其中以為硯溫潤而栗直以方也前有甘泉後香姜也得此以爲足貯金壺宜文房也龍尾珍於宋紫雲劄於唐也傳之千載數百載非弗寶貴矣不若斯之壽而藏也勒為此銘發神雀之藻耀表甄官之精良也亦以慨奸雄之骨已朽建安之年號不亡也

乾隆御識

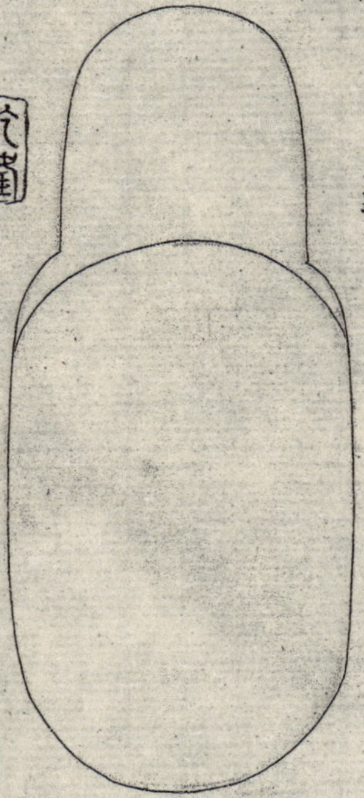

神雀軒學狂歌賦舞高臺既傾驚沙宿莽叢瓦鱗鱗遺此片中質瑩而澤發出賣匣豈無良材龍尾爾味閱歲踰子曷若此書 臣由敦

銅臺瓦沈漳水風日盪摩波濯洗光潤出河凝石髓苞蘊經天緯地文鄴下空驚七才子春華秋實兼所收陶鑄典墳括圖史 臣宗萬

困學齋眞賞

銅臺燬矣隻瓦猶新臺因昔圯瓦以硯珍質溫而粟光黝而純黳無馬肝古色漸湮黳無鳳味追琢損真維此笵土堅埒貞珉面隆腹窪因好遺均以濡不律以砥龍賓圖球共寶棐几長春 臣邦達

歷盡漳河畫棟塵琢成良硯龍芳裀池凹微染苔痕碧款字長留舊迹新棐几明窗供雅玩舞彩歌板認前因濃磨子墨裁青史猶記三分漢鼎人 臣邦彥

乾隆御賞

銅爵雙鳴五穀熟幻化長留硯田宿墨池清洪星光屬依稀照影漳河曲 臣詩正

甓土猶新漳流不蝕用佐古香代文以質 臣若靄

鄴都漳水流涓涓高臺遺跡埋荒烟行人拾得臺上瓴既龍既治煩磨鑴中央彷彿月未圓四之如沿還如田絳人管子來因緣爰登翁席陳琱箆其陰題識尚究然製自建安十五年上鍥寶貨之古泉下刻呦鹿伏且眠布痕猶皴膚理堅土花千載受氣全墨池雲湧風仙仙至今一瓦仍流傳舊時銅雀知誰邊 臣日修

鐫臣梁詩正銘一首楷書臣張若靄銘一首隸書
臣裘曰修詩一首楷書右方鐫臣汪由敦銘一首
篆書臣勵宗萬詩一首楷書臣董邦達銘一首隸
書臣陳邦彥詩一首楷書硯背印建安十五年五
字陽文隸書上印古錢一文曰寶貨下印眠鹿一

東雪堂在黄岡縣治東宋蘇軾謫居黄州時建陸游入蜀記云東坡地勢
平曠東起一壟頗高有屋三間曰居士亭亭下面南一堂是爲雪堂軾自
爲記因以自號宋李公麟字伯時舒州人第進士元符中歸老龍眠山中
嘗自作山莊圖爲世寶傳號龍眠居士元鮮于樞字伯機漁陽人官太常
寺簿善行草趙子昂極推重之自號困學齋民明項元汴字子京
號墨林居士檇李人善畫山水古木墨竹梅蘭頗有逸致一兼富鑒藏

御製漢銅雀瓦硯銘

金仙一去鄴臺荒也銅雀片瓦羽之吉光也窪其中以為硯溫潤而栗直以方也前有甘泉後香姜也得此以鼎足貯金壺宜文房也龍尾珍於宋紫雲割於唐也傳之千載數百載非弗寶貴矣不若斯之壽而藏也勒為此銘歎神雀之藻耀表甄官之精良也亦以慨奸雄之骨已朽建安之年號不匕也

臣梁詩正銘　銅雀雙鳴五穀熟幻化長留硯田

舞9 5 莽本同七麌何須叶韻雖宿莽亦音莫補切

理堅土花千載受氣全墨池雲湧風仙仙至今一
瓦仍流傳舊時銅雀知誰邊
臣汪由敦銘　神雀軒舉嶻歌貯舞高臺既傾鷲
沙宿莽萬瓦鱗鱗遺此片甲質潤瑩而澤龍之寶匣
豈無良材龍尾鳳咮閱歲踰千莫昌若汝壽
臣勵宗萬詩　銅臺瓦沈漳水風日盪摩波濯洗
光潤出河凝石髓苞蘊經天緯地文鄴下空鷲七
才子春華秋實兼所收陶鑄典墳括圖史

三分漢鼎人

漢銅雀瓦硯正面圖

繪圖十分之六
第四硯

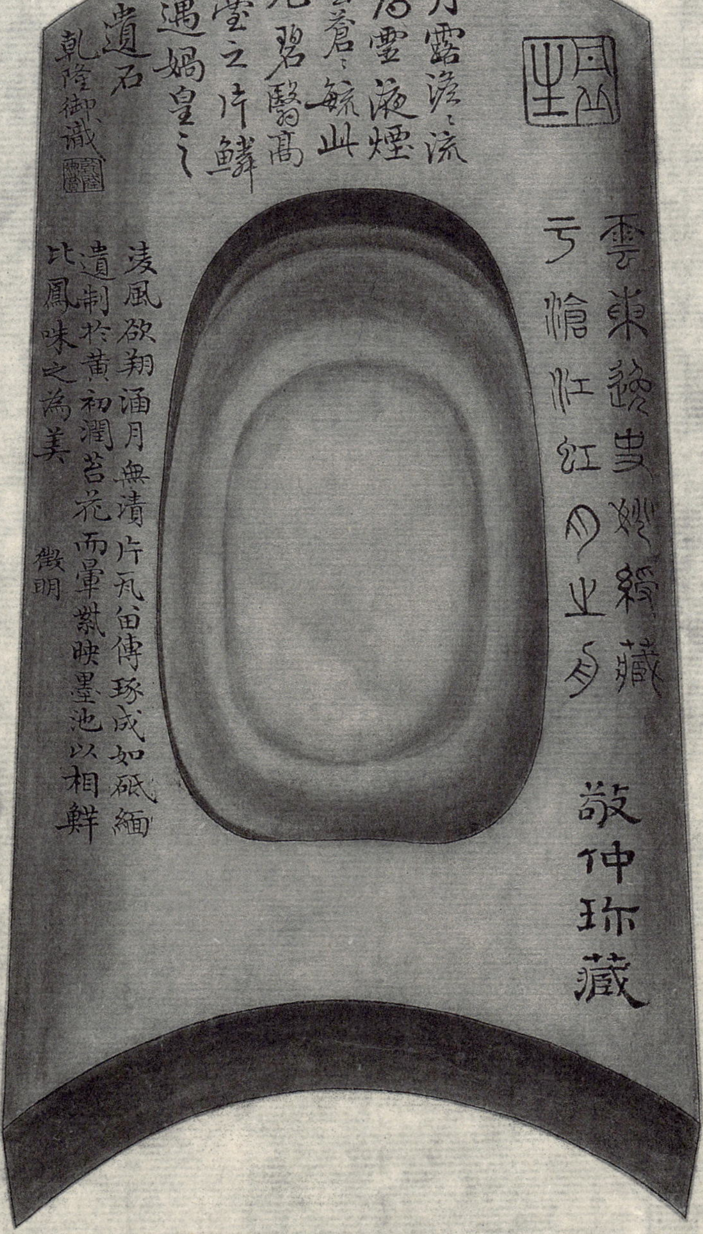

漢銅雀瓦硯說

硯高八寸三分上寬四寸五分下寬五寸厚五分箭穹起一寸四分受墨處微窪與墨池通上方鐫御題銘一首楷(行)書鈐寶一曰乾隆御賞右有丹邱生方印一左旁鐫銘四十字下署徵明二字楷書右旁鐫識語曰雲東逸史姚綬藏於滄江虹月之舟十四字篆書下署敬仲珍藏四字隸書硯背印建安十五年五字隸書適有葛蔴(麻)紋考元柯九思字敬

御製題漢銅雀瓦硯銘

月露瀼瀼流為霤液烟雲蒼蒼毓此元碧翳高臺之片鱗邁媧皇之遺石

明文徵明銘　凌風欲翔涵月無漬片瓦留傳琢成如砥緬遺制於黃初潤苔花而暈紫映墨池以相鮮比鳳咮之為美

漢銅雀瓦硯正面圖

第五硯 繪圖十分之六

貯避暑山莊

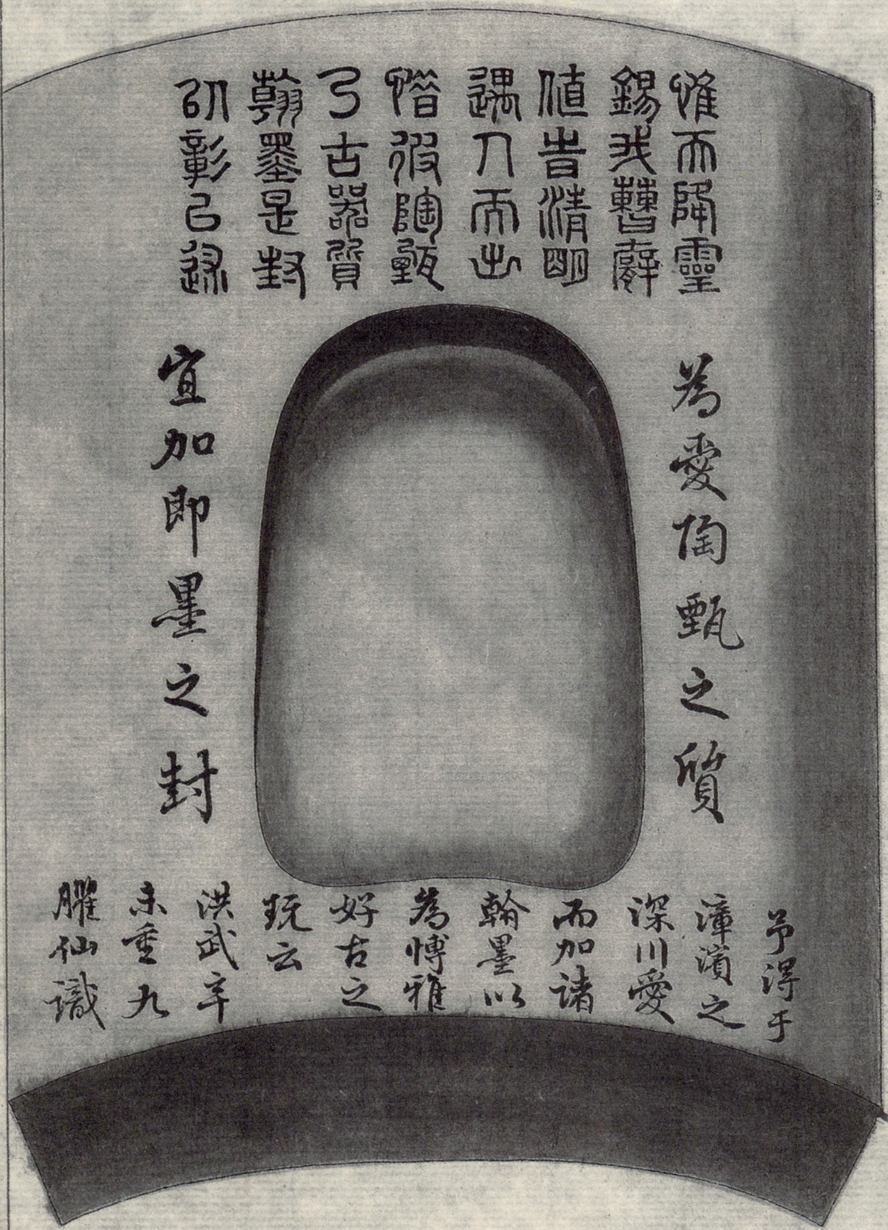

三十二

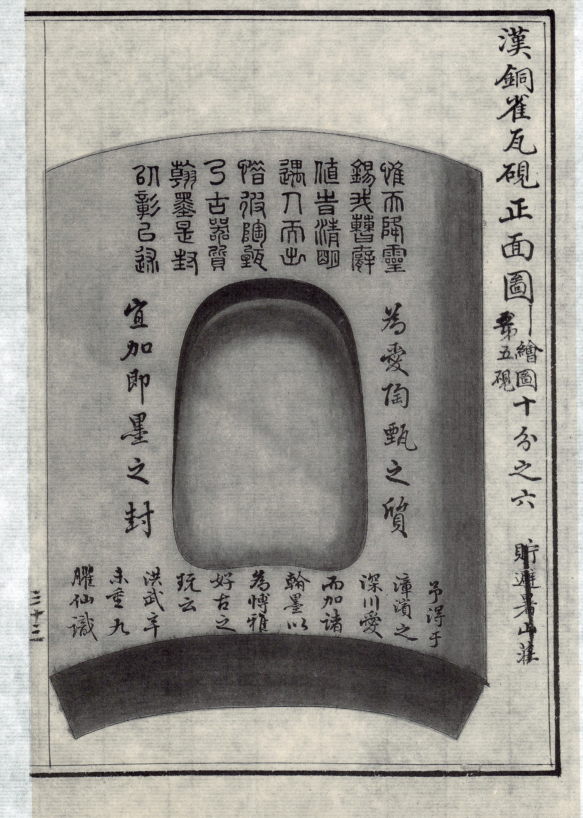

漢銅雀瓦硯上方側面圖

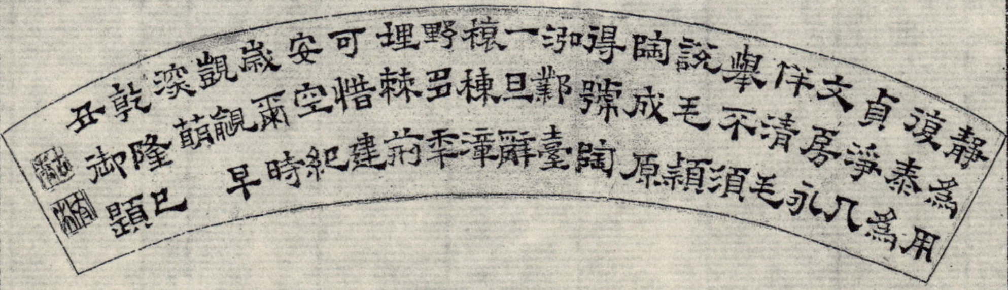

三十四

御題七言律詩一首隸書鈐寶二曰古香曰太璞匣蓋
并鐫是詩亦隸書鈐寶二曰乾隆硯背有葛麻紋正中印
建安十五年五字款隸書考辛未為明洪武二十
四年臞仙明寧王權自號洪武第十七子即於是
年封好與文士往還此研或曾經珍玩云

三十五

御製題漢銅雀瓦硯詩 乾隆己丑

靜為用復泰為貞淨几文房永伴清毛舉不須説毛穎

陶成原得號陶泓鄴臺一旦辭榱棟漳野多年埋棘荆

可惜建安空紀歲爾時覬覦早深萌

硯首銘 惟天降靈錫我曹魔值時清明遇人而

出惜彼陶甄乃古器質翰墨是封以彰以述

明寧王權識語 予得于漳濵之深川愛而加諸

翰墨以為博雅好古之玩云 洪武辛未重九臞

三十一

漢銅雀瓦硯正面圖

繪圖十分之六

第六硯

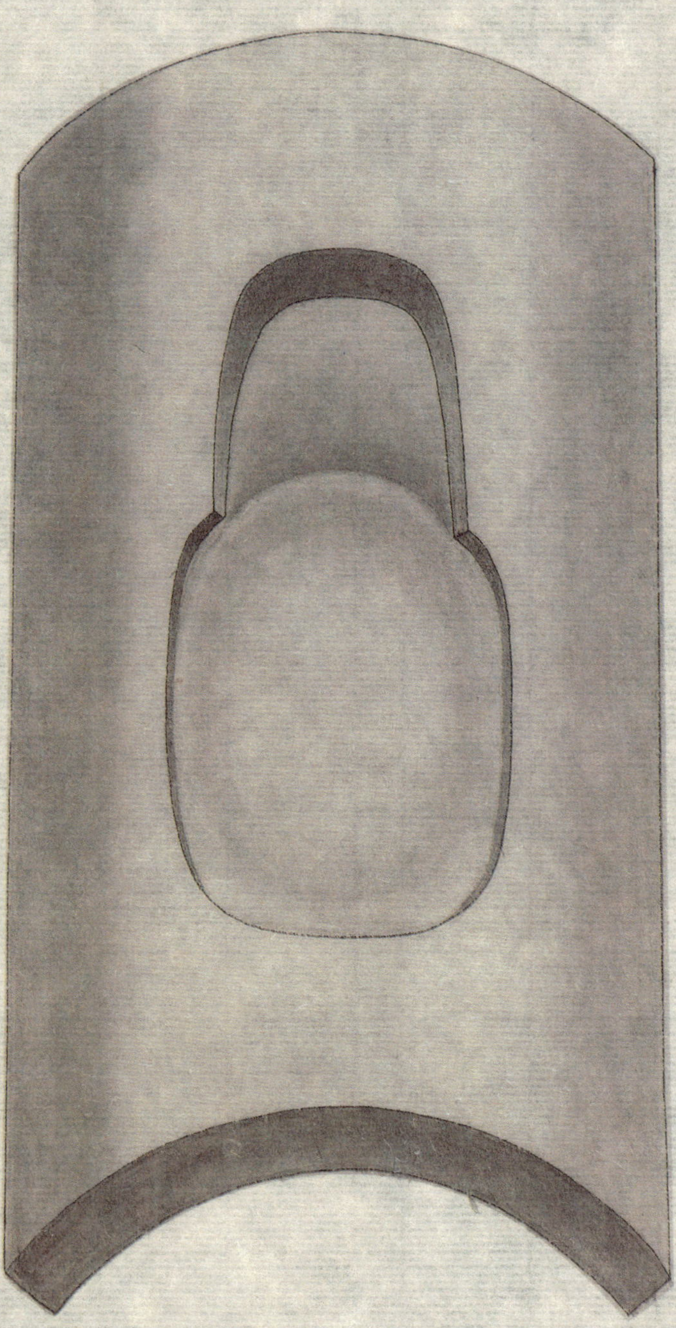

漢銅雀瓦硯正面銘款圖

建安片瓦今依
然神工遺結文
友緣琢逾蒼玉
千秋傳何似當
年爍金碧臺荒
空惜參差跡
臣梁詩正

質堅以樸色黝而渥用
佐豪端揚清激濁陋波
魏家賦詩橫槊
臣若靄

項墨林家
珍藏

伊昔出鉅麗瓦硯
討餘槐而今出禮
辞豈凡席己雖容
陳秋殿松李洲臺
安在哉瓦爲硯可
鑑
臣由敦

凌雲已歆歌臺
何處片瓦猶存
潤滋傳露墨庑
守之管城永固
臣勵宗萬敬銘

水晶宮衜人
珍藏寶玩

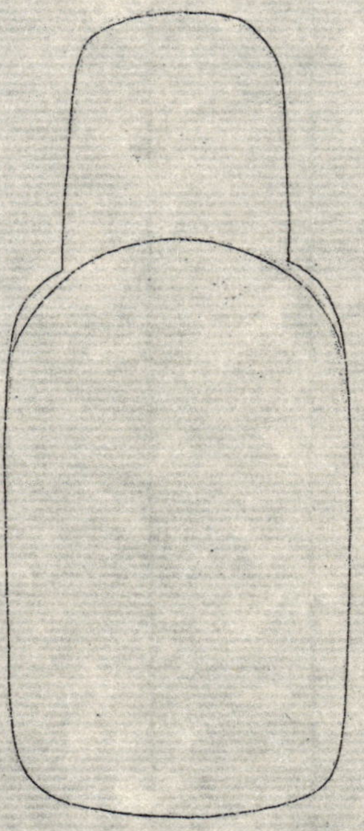

舞臺荒瓦成石
謝紛華司簡冊
煥堯文傳義畫
研長存歌傳拍
建安遺一片碧
臣邦彥

割擾空歌舞寂弔荒基得遺甓
始摩挲繼瀟灑召工師慎脩飾
良材呈嘉名錫侶中山客子墨
堪為朋用比德芸閣中縹囊側
雯千年永無極
臣裘曰修敬銘

層臺高峙臨清
漳銅雀錫鏵耀
天閣標瓦塗易
發禁墻當土花
代何蒼涼鴦竭
蝕透碧奮城疆
来尋向鄴字一
建安紀年府菁
行輸之天如磨
琳琅如球須刓
精且良不陶泐
圓更毀方肪彩
清洲將截花香
臺輕試墨七寶
錦綺緗緘史琴
幃椅睽囦漆兮
書旁扶雲壽貞
分天車以
珉千秋光
臣邦達

漢銅雀瓦硯説

硯高八寸五分寛五寸二分厚半寸箭處穹起離几一寸六分漢銅雀瓦也受墨處橢圓墨池稍狹側上深四分許上方正中鐫寶一曰乾隆御賞之寶左上方有句曲外史方印一下鐫水晶宫道人珍藏寶玩九字右方鐫項墨林家珍藏六字並隸書硯背印建安十五年五字陽文隸書上印古錢一文曰寶貨下印眠㡯一上方鐫

識亦俱古雅臣等伏讀是硯

御製詩云或云六朝好事者所仿為之誌不朽此事雖

假亦久哉惡知非真亦非苟傳信傳疑足為千秋

千秋定論謹並仍標為漢銅雀瓦硯列於諸漢瓦硯之

末匣蓋面鐫銅雀瓦硯四字隸書鈐寶二曰乾隆

下方側鐫

御題詩與硯同鈐寶二曰比徳曰朗潤匣底鐫寶一曰

乾隆御玩

御製題漢銅雀瓦硯

偶憶瓦硯或尚有居然此器呈座右未央銅雀各存一貯之乾清題句久斯蓋其次未經詠徒命西清試吟手重觀歷歷作古人不覺悵然為搔首四時代嬗刻無停信哉何物如汝壽然予更復致疑焉瓦片識年理難剖即令宫殿黄瓦霞何曾一一年歲鏤或云六朝好事者所倣為之誌不朽此事雖假亦久哉惡知非真亦非苟

臣汪由敦銘　伊昔之鉅麗瓦也有餘媿而今之

四十二

臣梁詩正銘　建安片瓦今依然神工遺結文友緣珍逾蒼玉千秋傳何似當年燦金碧臺荒空惜參差跡

臣張若靄銘　質堅以樸色黝而渥用佐豪端揚清激濁陋彼魏家賦詩橫槊

臣陳邦彥銘　舞臺荒瓦成石謝紛華司簡冊煥堯文傳羲畫硯長存歌停拍建安遺一片碧

臣董邦達詩　層臺高峙臨清漳銅雀錫號耀天

第二册

欽定西清硯譜目錄

此行低一格寫

〇第二冊

此行移上冊字下空一格寫

〇陶之屬

以下皆低二格

〇〇漢甎多福硯 乾清宮

〇〇漢甎石渠硯 頤和軒

〇〇漢甎虎伏硯 延趣樓

〇〇魏興和甎硯 樂壽堂

〇〇唐石渠硯一 乾清宮

欽定西清硯譜 目錄

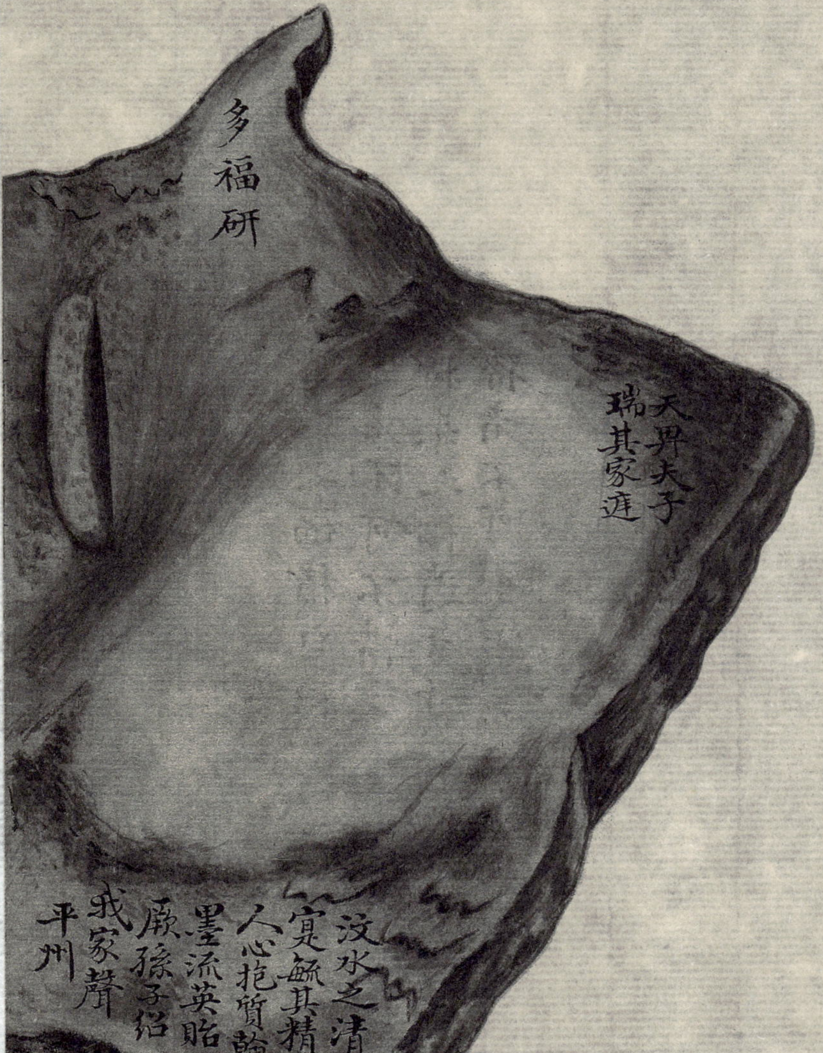
漢甎多福硯正面圖
多福研
天畀夫子
瑞其家筵
汶水之清
寔毓其精
人心抱質翰
墨流英眙
厥孫子绍
我家聲
平州

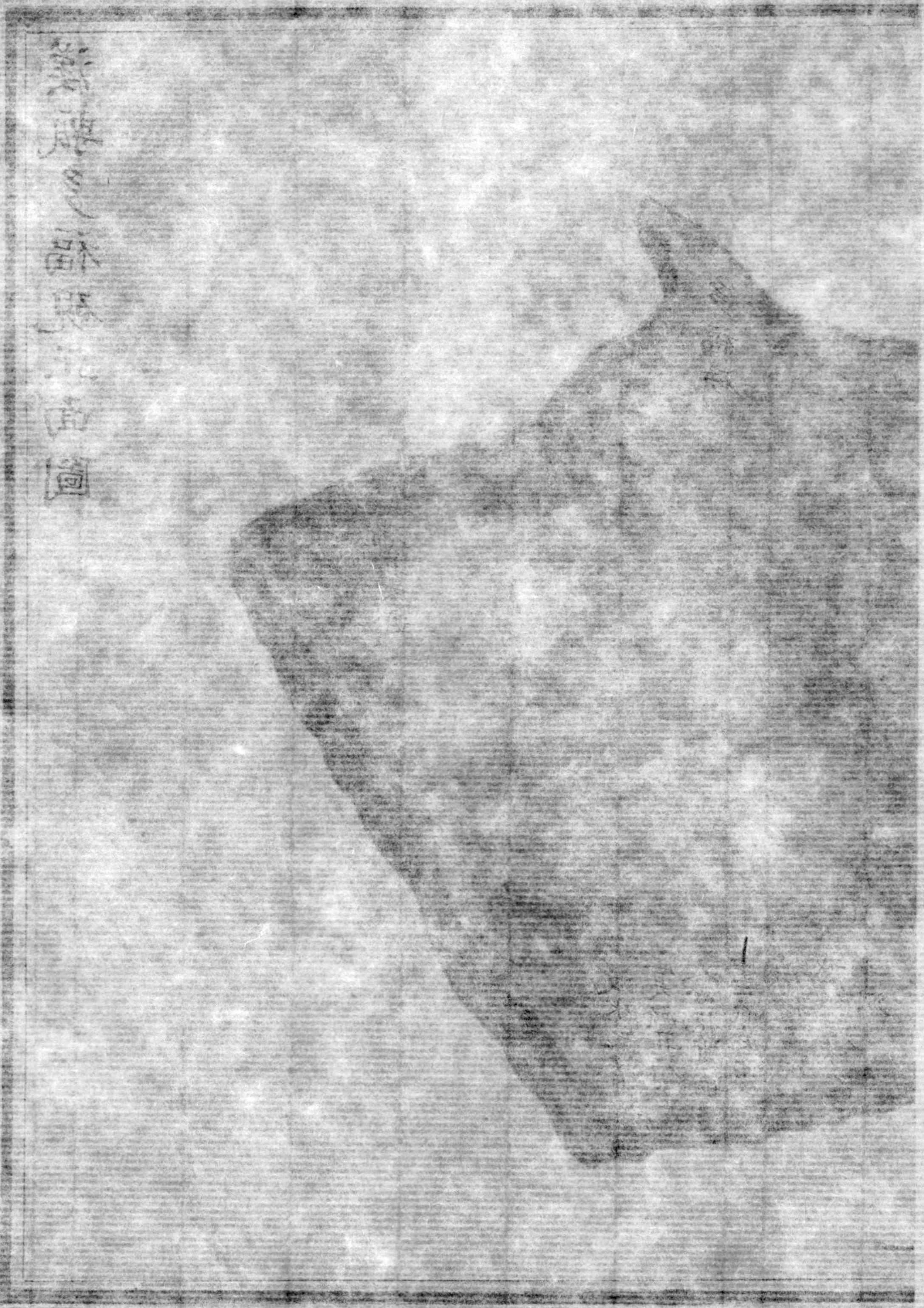

[illegible]圖

漢甎多福硯背面圖

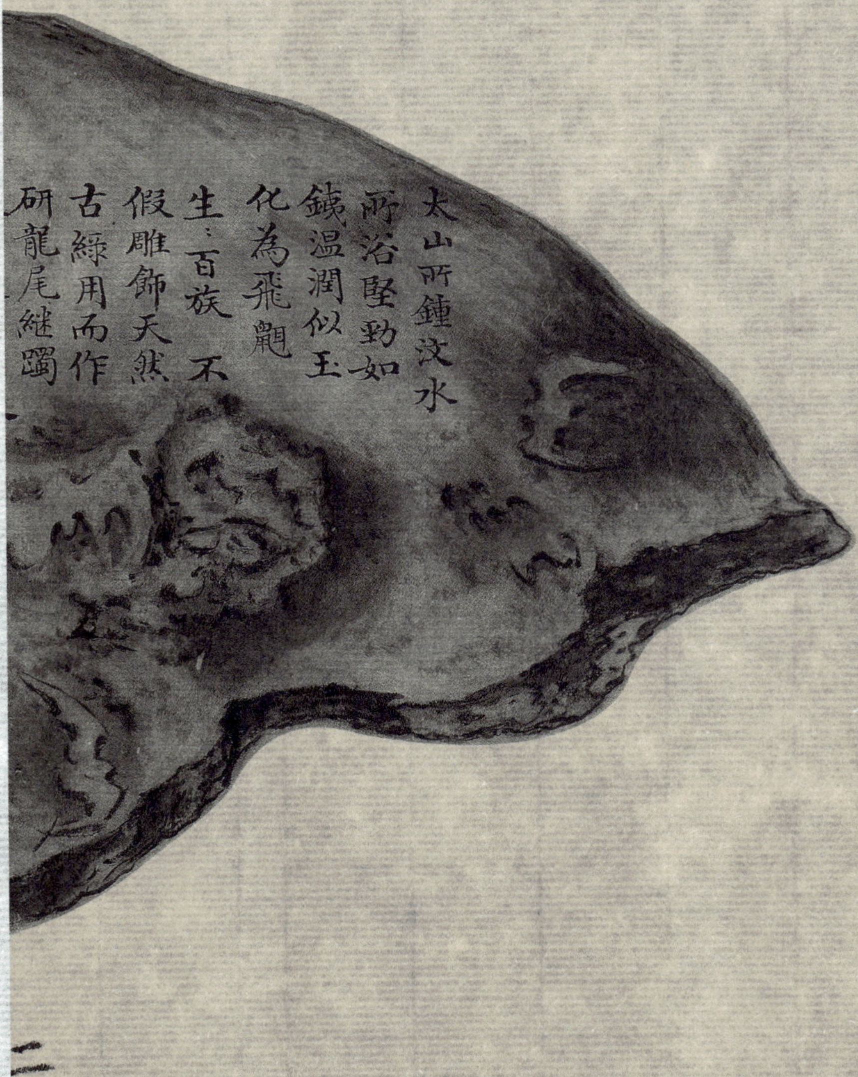

武陵山海島北邊圖

…二字刪

漢磚多福硯說

硯高五寸許寬七寸許厚五分橫斜曲直因其自然天然成側翅蝙蝠形色淡黃質理細膩如玉當是漢時古磚之刓缺者硯正中隆起寸許如背下即土質墳處為小蝠一右方平處磨治為硯上鐫多福硏三字右上方鐫天界夫子瑞其家庭八字下方鐫銘二十四字署款曰平州左方鐫銘二十四字亦署平州二字款又鐫識語二十六字無款

書

造必不苦窳是硯獲自汶水靈光魯殿去汶不遠
豈無遺甓淪沒洪波久而復出堪備硯材者其為
漢磚無疑匣盖鐫
御題銘一首楷書鈐寶二曰惟精惟一曰乾隆宸翰臣
等捧觀敬誦竊仰窺我
皇上法
祖敬
天建極錫福之忱無時或釋即

御製多福硯銘

惟古有訓斂時五福敷錫庶民幽贊化育承
天之序厥惟艱哉視民如傷孰釋予懷毋曰九重之宮
而安其躬念蔀屋之竆歎每憂心以忡忡毋曰八珍之
膳而供其宴念糲食之尚乏嗟何能以下嚥錫福謂何
遑云建極期毖尤之或鮮恒小心而翼翼我心如是我
志在茲視此硯石貞堅不移庶
天

五

白氄緣人贊　太山所鍾汶水所浴堅㔟如鋏温潤似玉化為飛龍生生百族不假雕飾天然古緑用而作研龍尾繼躅文字之祥自求多福

臣任蘭枝銘　朶雲片玉出淵旱嘘氣如虹上衝斗貢之明堂列几右赤文緑字無不有毫端膚寸百靈走崇朝徧灑歡狄斋翊贊文明發豐蔀蒸出芝菌作林藪民俗登三歲餘九用介景福俾單厚九重欽抑志譙受精意袚濯孚盈缶敷言錫福騰萬口

六二

聖學日新仁耕義耨廣運陶鈞福被萬邦中正是秉銘

厥金石用配盤鼎

臣劉統勳銘　中和純粹毓質惟良以綏多福嘉

名乃彰福之滋培既深且長福之推暨品類咸昌

體立用行炳蔚斋皇有典有則如圭如璋味道之

腴漱藝之芳澤沛蒼黎輝映巖廊德洋恩溥若時

雨暘引之申之積厚流光日新又新茀禄用康文

同九有慶錫無疆

七

臣張若靄銘　坦坦平平宜文宜質温温穆穆如
圭如璧其體常貞其用不息動以研天下之精静
以立天下之則從心而不踰乎矩因時而不滯乎
物是之謂造福之田揆天之筆譪譪為雲膚寸也
而沛垂天之澤淵淵其淵涓滴也而凝江海之液
渙汗其大號而義貫六經燦麗其絲綸而文成五
色蓋萬物之壽也而悉本於
王心之一萬年之和也而皆緼於

八

乎心之一體乎人者也而皆體於
由諸善惡之辨也而忌本於
深於其大歸而義貫六經窮難其終始而大成五
而兼天之擇選其達道通也而成江海之流
為見之謂道揚之曰教天之事豈為愿中也
以立天下之則從心而不偏乎禁固禁而不違乎
主如輝其體常貞其用不息惠以存天下之静
由發若靈始　知乎平平宜大宜質溫溫發發者

漢磚石渠硯八方

五十一

九

天虛中以應億萬斯年

介福銘[illegible]相茲貞石採自幽谷追之琢之溫其

如玉供清玩於

九重肇嘉名以多福明明我

后錫極庶民宵衣旰食與物偕春福緣天降亦由自求

遵道遵路朝野咸休乃督彤帷乃拭綈几嘉茲硯

之堪珍煥絲綸於遐邇涵濡宇宙潤色太平永斯

年於億萬熙久道兮化成

九

漢磚石渠硯正面圖

繪圖十分之六

十

漢甎石渠硯說

硯高七寸二分寬四寸二分厚二寸長方式漢古甎為之色紫而澤中為受墨處上微凹直勒為墨池周環以渠俱斗檢式直勒下邊周刻雲雷紋側面刻螭六上下環束絢紋二四足為獸面承硯離几六分許背面邊周刻水草紋覆手窪下作兩層中鐫漢墨藏寶四字篆書上層周鐫

御題詩一首篆書鈐寶一曰永寶用之匣蓋並鐫是詩

衛鼎詩一首篆書今存一日永寶用之匜盖並錢吳詩

中鐘洪墨漢寶四字篆書上層周鐘

凡六分詩書由遼周河水草敘寶千注下作西周

西周鼎六上下篆東部敘二四只為獸面永頌鐘

宛周豫以來集十餘大直為下遼周刻雲雷紋側

紋為之角獸西澤中為雙蓮座上紋四直為為圜

側見七十二分直四十二分周三十二尺古尺漢古

漢魏石經殘字說

御製題漢甎石渠硯

寶藏漢時墨器類楚王磚質異洪家譜珍傳朱氏編陶

泓信此耳居然彼詎焉設寄鳳池客寧知八影還邊

詎信此可居異彼謙高歌鳳池咨乎若人墨之遺

寶藏漢朝星露纘楚王興賞異洪家譜今傳未久歸西

[illegible]硯通漢[illegible]石渠硯

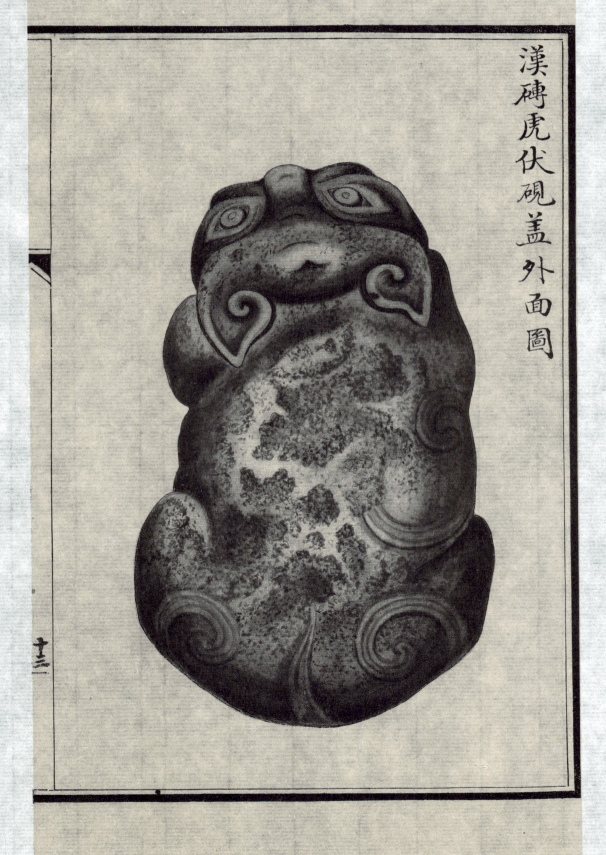

漢磚虎伏硯蓋外面圖

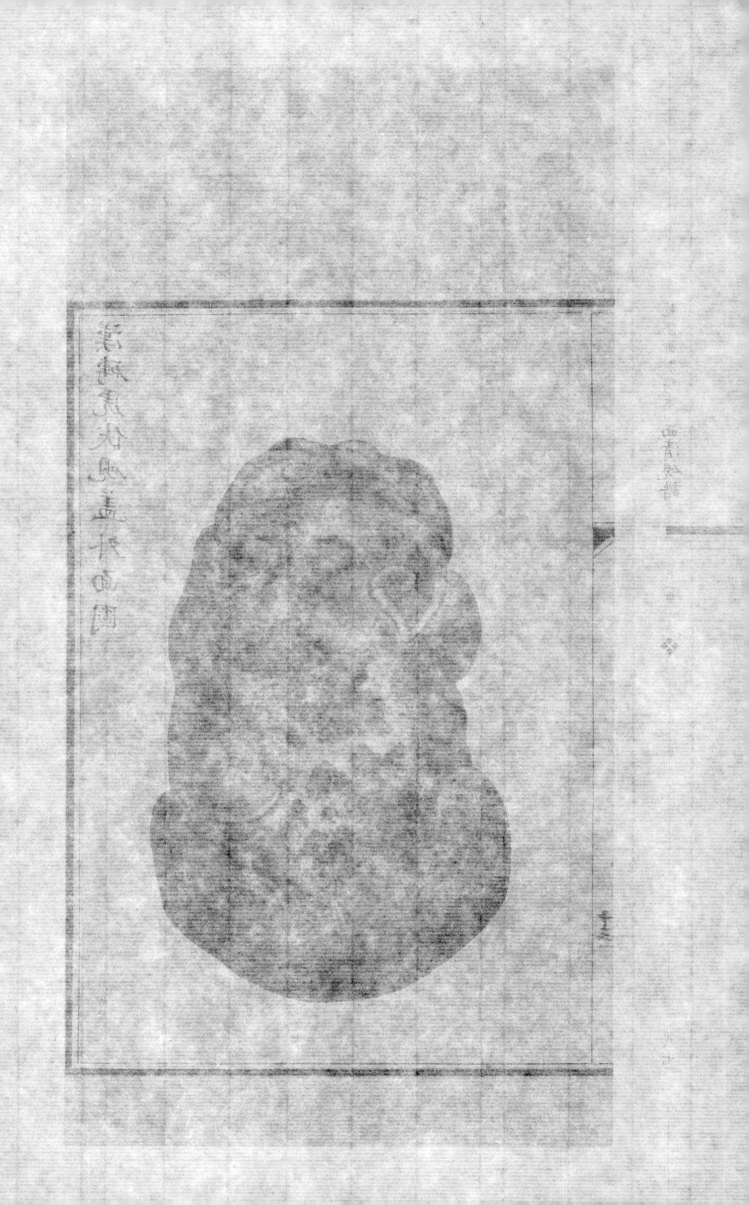

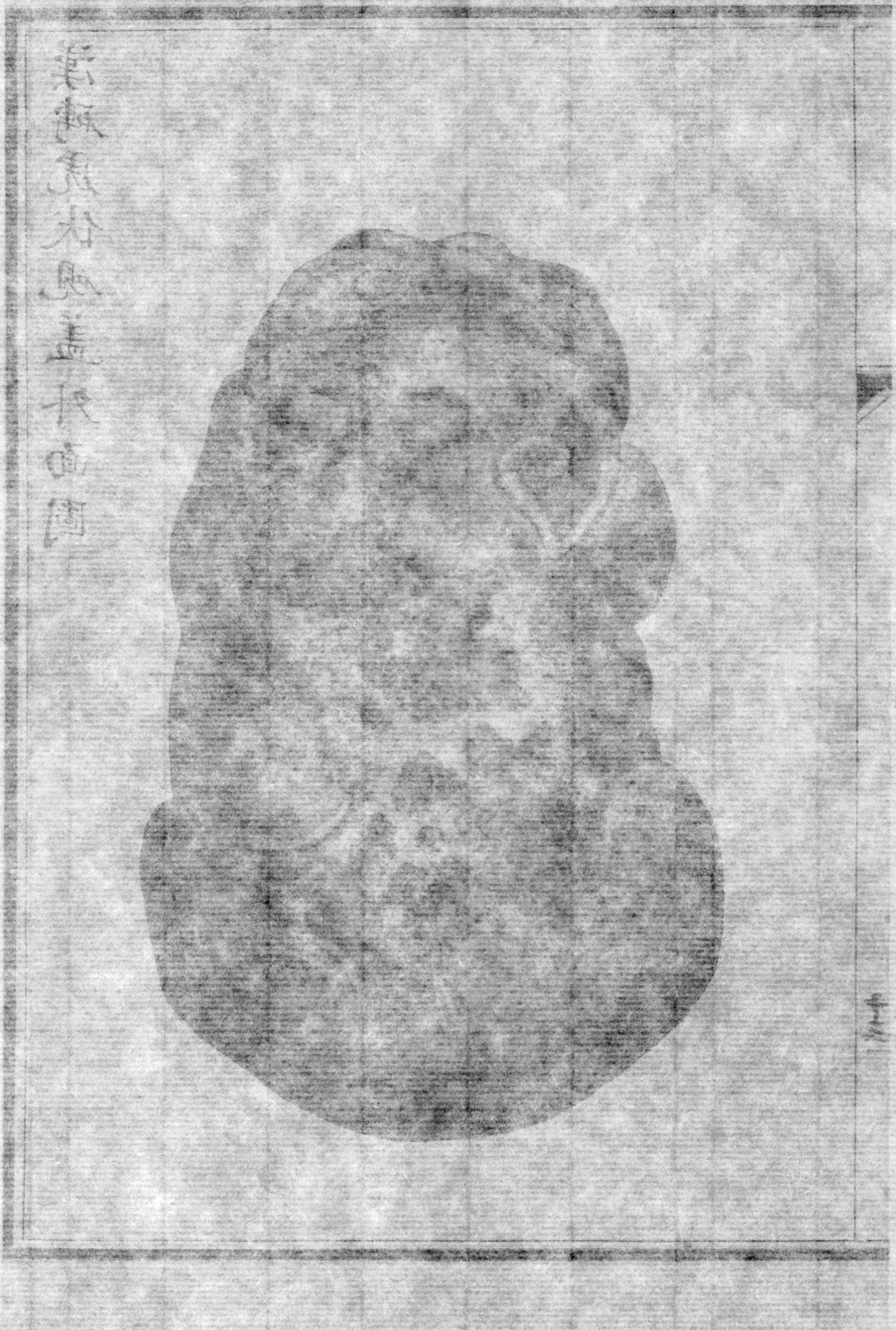

漢磚虎伏硯正面圖

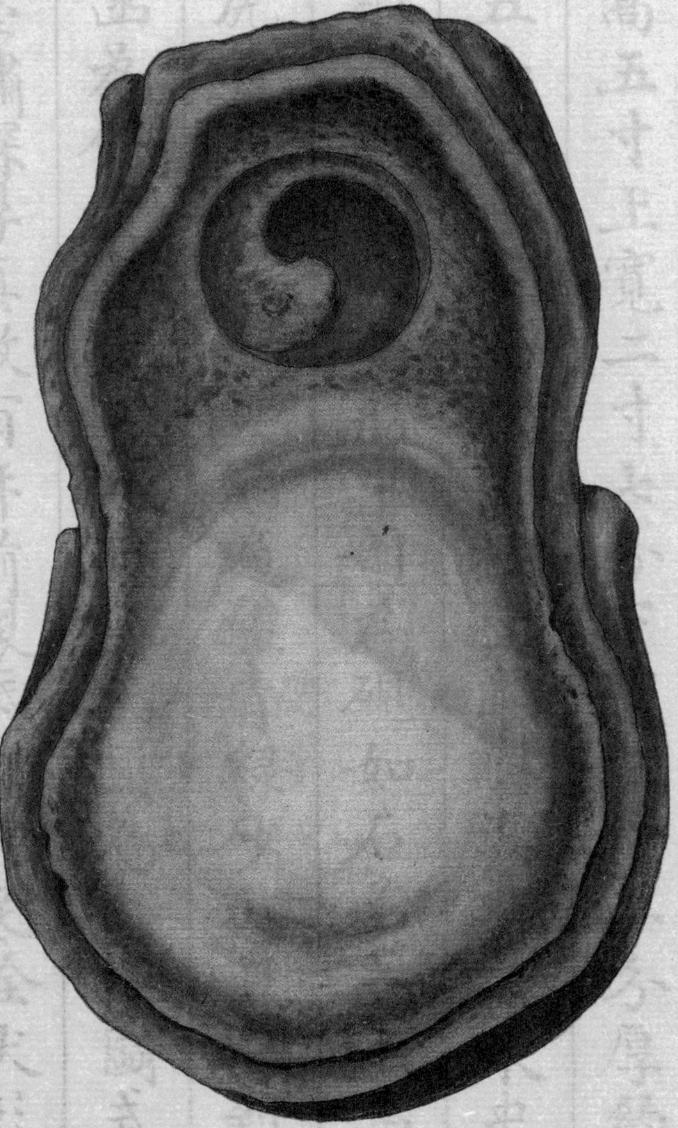

十四

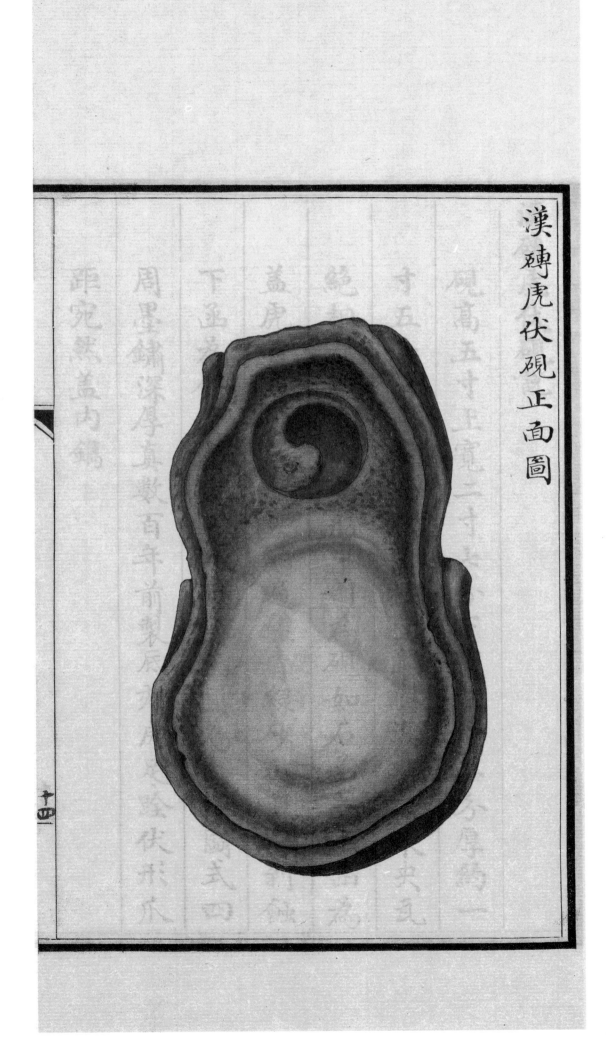

御製題漢甎虎伏硯

古甎段出未央宮沉質全渲色黯銅小篆何人刻虎伏

於瓦那足擬文雄

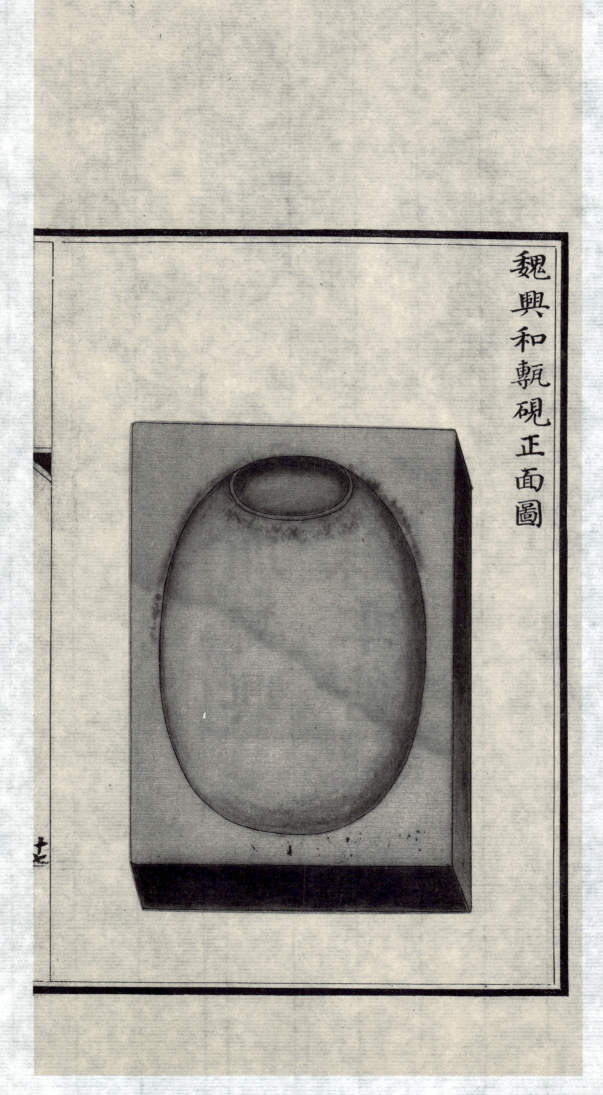

魏興和甎硯正面圖

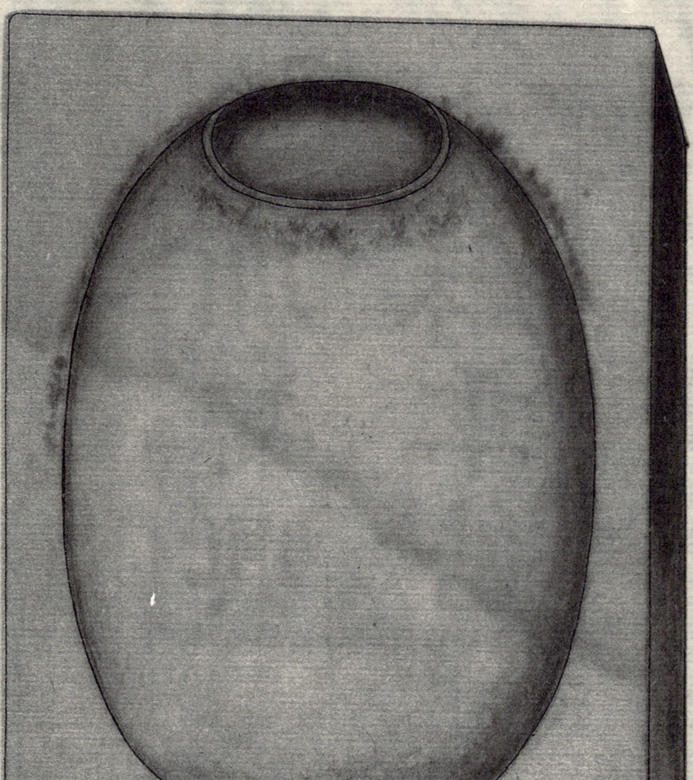

魏興和甎硯側面圖

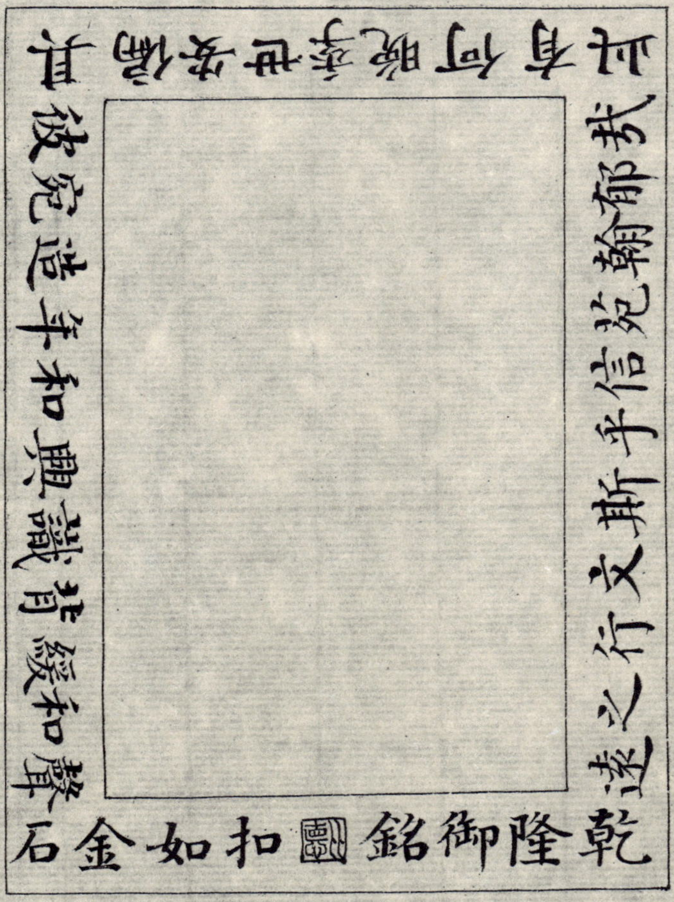

十八

魏興和軛硯側面圖
扣如金石聲和緩非耳識興和年造究彼其偏安世季晚何有此我郁翰究信乎斯文行之逵
乾隆御銘

魏時甎硯長九寸厚二寸許濶四寸色黄淡如沉
香所載硯背文與此同又稱一方有異獸奮翼者
止半其形想甎大而得其半云云是硯尺度較小
或亦因半甎而加製作者匣盖鐫
御題銘十首與硯同隸書鈐寶二曰會心不遠曰德充
符匣底内鐫乾隆御用四字外鐫魏興和甎硯五
字俱隸書

何有此武部翰先信乎斯文行之遠

和如金石聲和綴皆識興和年造究彼其循安世浮曉

御製題銘興和甎硯

以第一硯三字
移前寫過五
分須補寫

唐石渠硯正面圖

繪圖三分之二

第一硯

二十一

唐石渠硯說

硯高四寸二分寬二寸二分厚大分澄泥為之
受墨處正方首微抑墨池周圍如渠深一寸一分
環渠邊周刻流雲紋硯側四面上下通身鐫紋中
凸起獸面各一四角承以跗廣出硯體外各一分硯
背中凹凸起正方台台印所鐫篆書銘惟能辨以其
四字皆存餘不可辨後有宜子孫楷圖印一四角
刻流雲鐫年扁於跗上右方鐫唐硯二字左方鐫石渠

字隸書匣底鐫石渠二字隸書鈐寶一曰乾隆御
玩外鐫標識曰丙楷書

宋大觀[illegible][illegible][illegible]石[illegible][illegible]

御製[illegible]石渠硯銘

唐石渠硯正面圖

第二硯

二十五

唐石渠硯說

硯方二寸五分厚一寸五分趺高分許澄泥為之四邊及側俱作雷回文周環石渠渠深廣各二分許中為受墨處方一寸六分色深紫四側各綴獸面銅鐶一夹以蟠螭各二上下周勒綯紋四足高分許亦作獸面緣趺硯背深窪四分正方中有貽子孫方印一沿邊周鐫

御題銘一首隸書鈐寶一曰太璞是硯紫泥瑩潤如銅

御製唐石渠硯銘

方盈寸有半圜以渠而周銅乎石乎泥乎合一相閱千秋邉幅雖小其用無窮如寸田贊化工

唐澄泥六螭石渠硯正面圖

繪圖十分之八

西湖浴大鑑口沿盆片色圖　縮圖十分之八

唐澄泥六螭石渠硯說

硯高五寸六分寬三寸六分厚一寸二分澄泥為之長方式周環以渠深八分受墨處上方微仰渠外邊周刻卧蠶紋側面刻六螭左右各二上下各一覆手深五分許作兩層與硯面相應中鐫

御題銘一首楷書鈐寳二曰比德曰朗潤是硯質細體輕墨華融結剥蝕處古意穆然必非唐以後所能為與

御製唐澄泥六螭石渠硯銘

石渠唐硯久藏内府兮貢來六螭物必有偶兮呵之嶔
潤筆花墨雨兮竟體剝蝕華紋吞吐兮玉尚有瑕况斯
甄土兮何物永堅爲之意憮兮

二十

唐八稜澄泥硯正面圖

圖繪十分之八

三十二

唐八棱澄泥硯正面圖

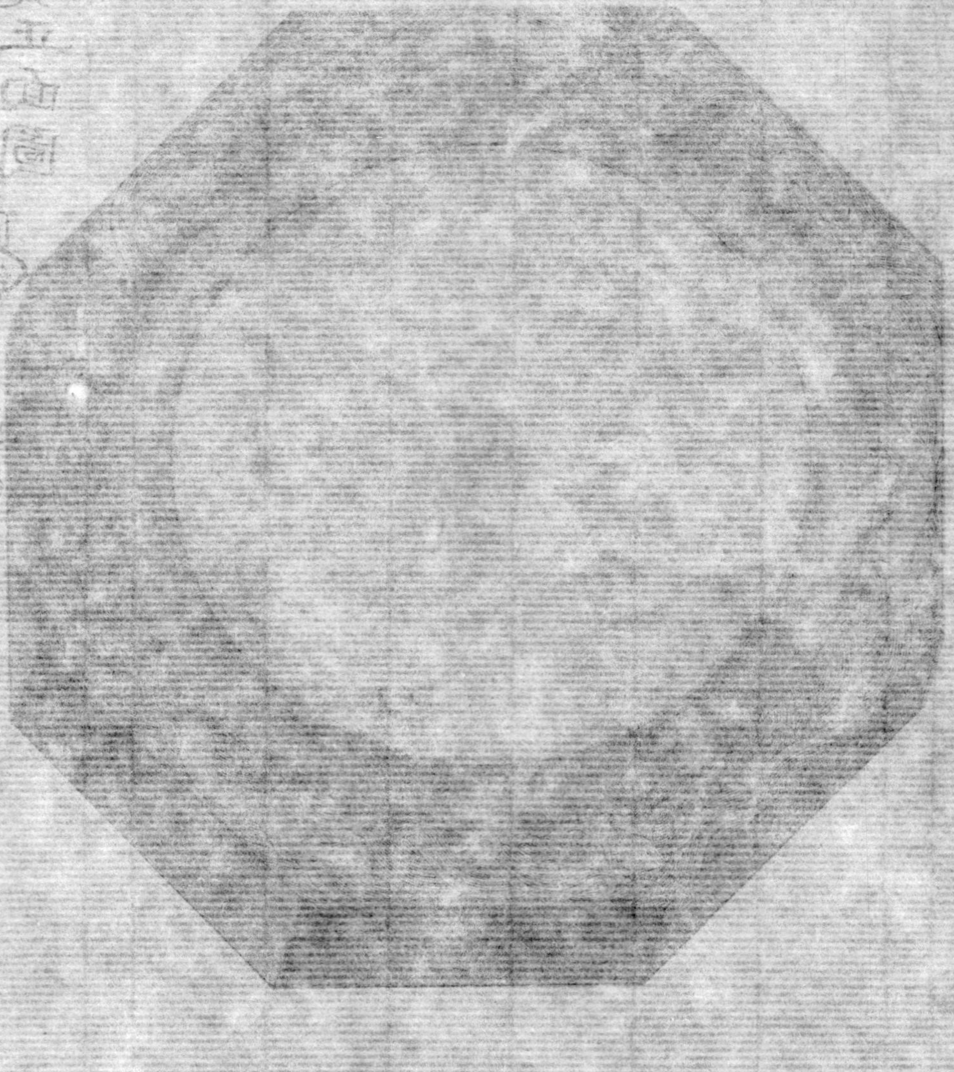

唐八稜澄泥硯側面圖

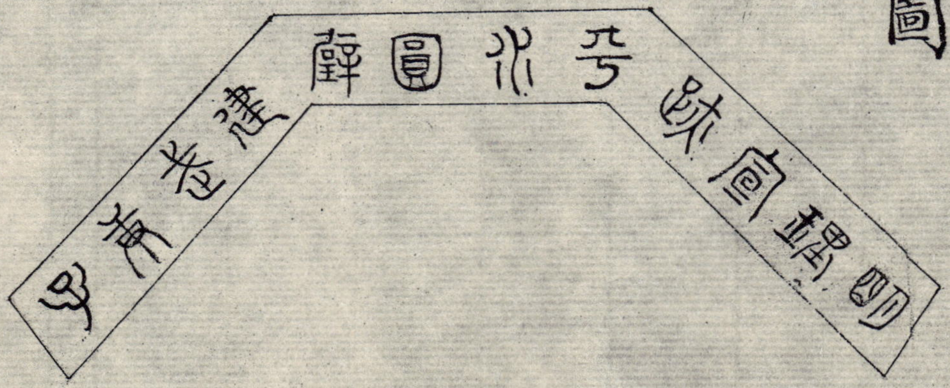

書銘識刻作物象與是硯同惟彼稱方廣九寸厚二寸此為較小或作硯時依式製造數方大小各具也且土質細潤堅如玉石其為汾絳舊物無疑又攷明理宣跡平水圓璧八字回文銘為梁邱遲作款署建武庚子四字建武為齊明帝年號遲逮事明帝故署建武惟明帝以甲戌建元至戊寅改元永泰無庚子年意銘後庚子二字或書其日也唐人作硯時蓋沿用銘詞並列原款以為重耳匣

三十三

蓋鐫

御題銘與硯同鈐寶二曰幾暇怡情曰得佳趣匣底内

鐫乾隆御用四字外鐫唐八稜澄泥硯六字並隸

書

端硯品第一宋[illegible]精妙真[illegible]世[illegible]云云兩重[illegible]

高濂遵生八牋[illegible]以水[illegible]

御題銘一首楷書鈐寶二曰會心不遠曰德充符[illegible]

謹按

[illegible]之際上方左右側面鐫款共十二字[illegible]

[illegible]正圓如[illegible]外環墨池池外周刻海馬[illegible]出沒

硯八棱[illegible]廣一寸八分徑四寸一分厚四分受墨

[illegible]

唐八稜澄泥硯説

硯八稜稜廣一寸八分徑四寸一分厚四分受墨處正圓如璧外環墨池池外周刻海馬飛魚出没波濤之際上方左右側面鐫銘款十二字篆書硯背鐫

御題銘一首楷書鈐寶二曰會心不遠曰德充符攷明高濂遵生八牋稱唐澄泥硯池以泥水澄瑩燒而爲硯品爲第一刻法精妙真希世物云云所載篆

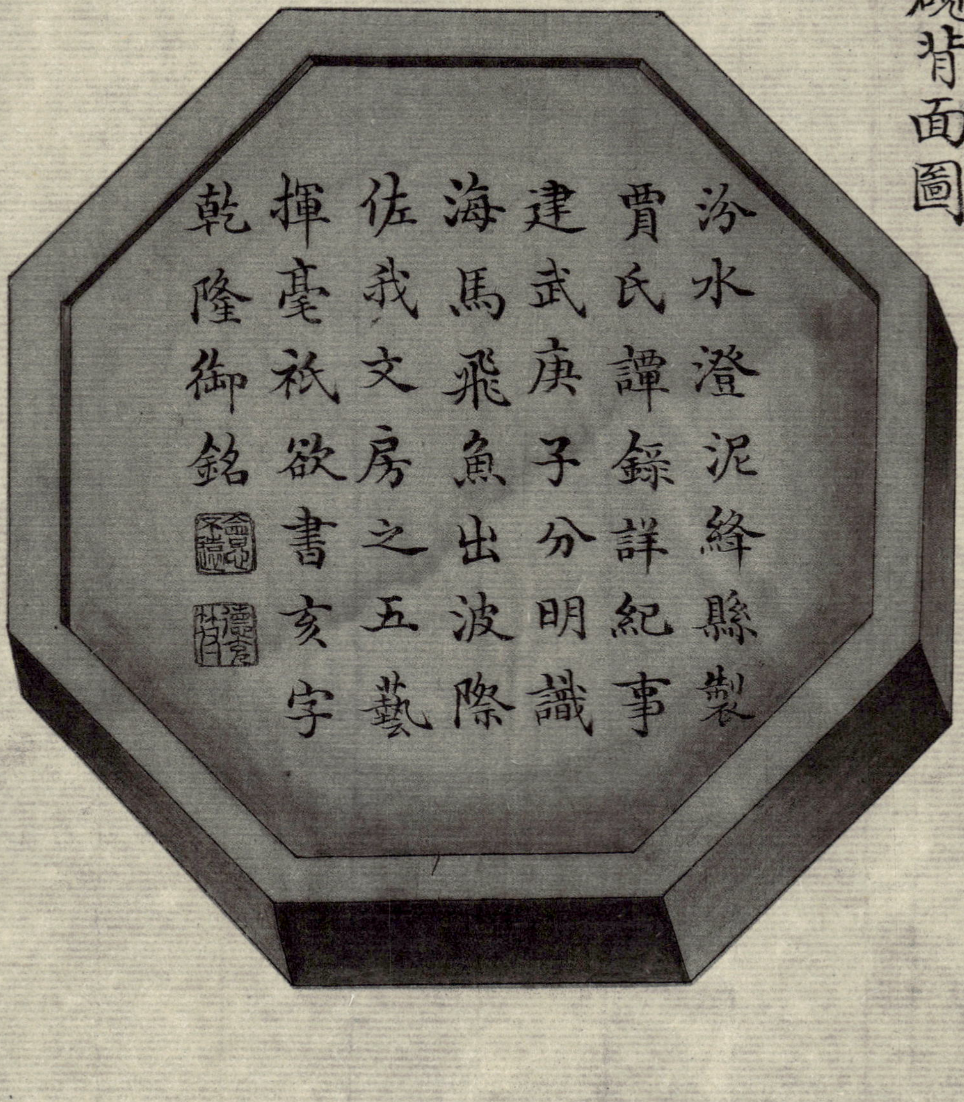

唐八稜澄泥硯背面圖

汾水澄泥絳縣製
賈氏譚録詳紀事
建武庚子分明識
海馬飛魚出波際
佐我文房之五藝
揮毫祇欲書亥字
乾隆御銘

内府舊藏唐石渠硯雖一紫一黄色有不同形製亦
異而閲世千餘墨寶流傳並陳
瑶席洵非偶然也匣盖鐫
御題銘與硯同隸書鈐寳一曰德充符

欽定四庫全書　西清硯譜

唐褚遂良端溪石渠硯圖

唐澄泥六螭石渠硯背面圖

如石而土花鏽澁金碧青紅莫名一狀與前唐石渠硯形式較小款製正同真千年古物也匣蓋外鐫
御題銘與硯同鈐寶一曰德充符蓋内鐫乾卦一匣底隸書外鐫乾隆御用四字楷書

唐石渠硯背面圖

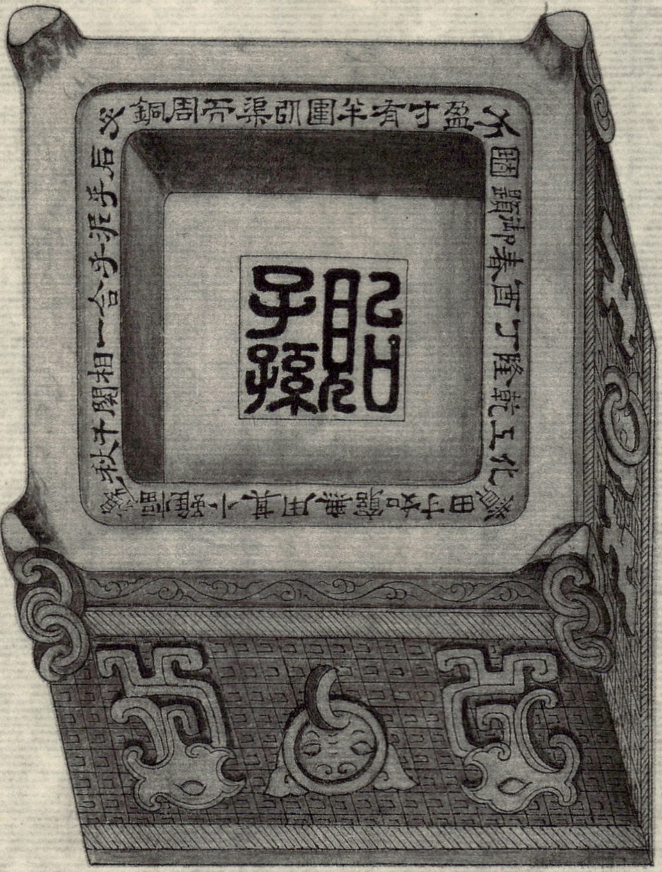

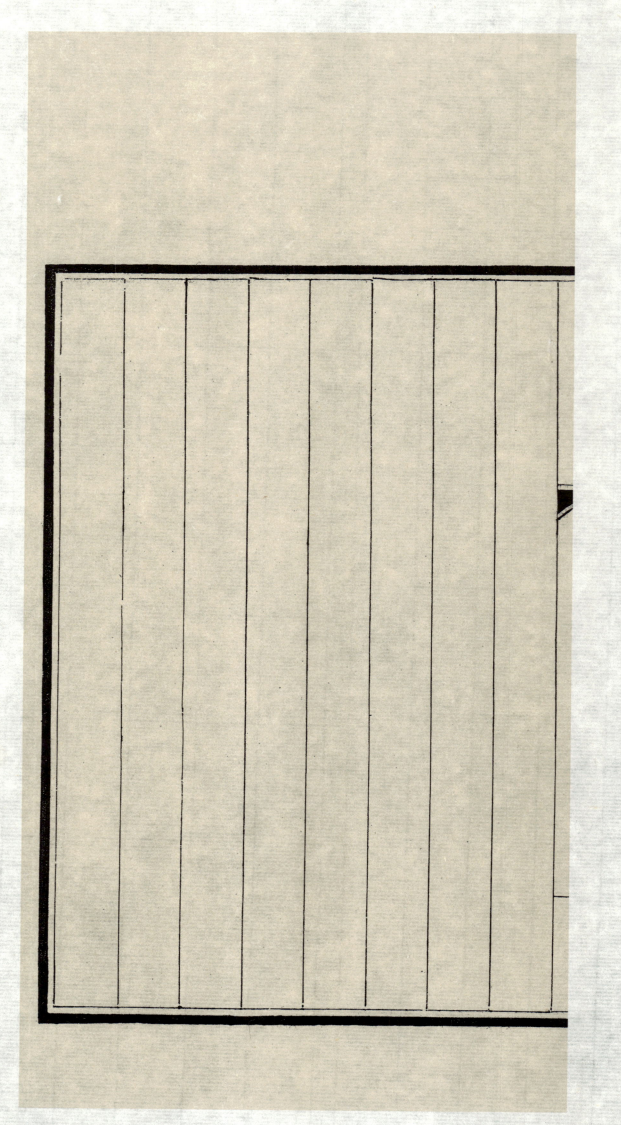

二字俱隸書右方鐫
御題銘一首楷書鈐寶一曰朗潤考宋高似孫硯箋引
鄭亭仲硯記云唐人所用皆陶又云虢州澄泥唐
人以為第一蓋唐中世以前未甚知有端歙也是
硯墨鏽古厚遍身砂斑青緑獸面鎏金掩映燦爛
當係入土年久所致至其製古質佳尤非後代所
能仿彿匣蓋外鐫
御題銘與硯同行書鈐寶一曰乾隆宸翰内鐫唐硯二

唐石渠硯背面圖

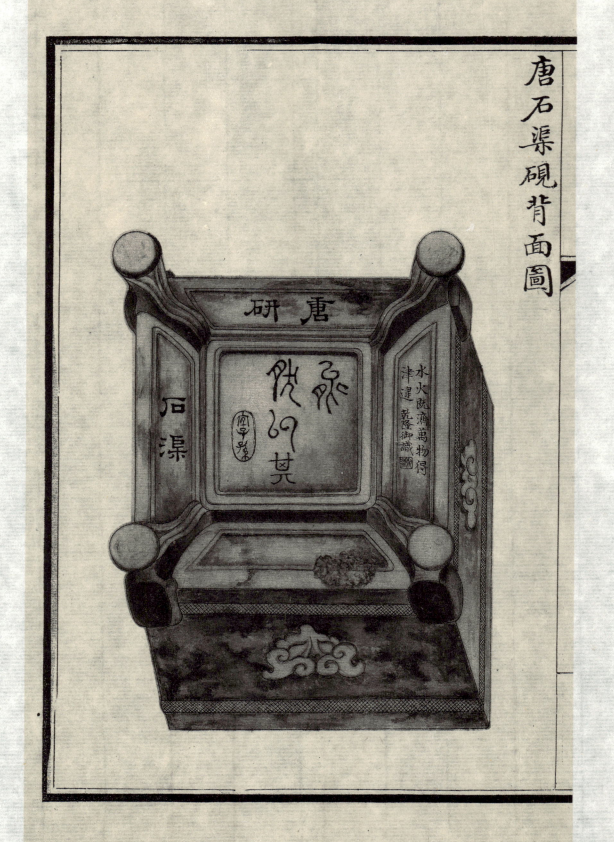

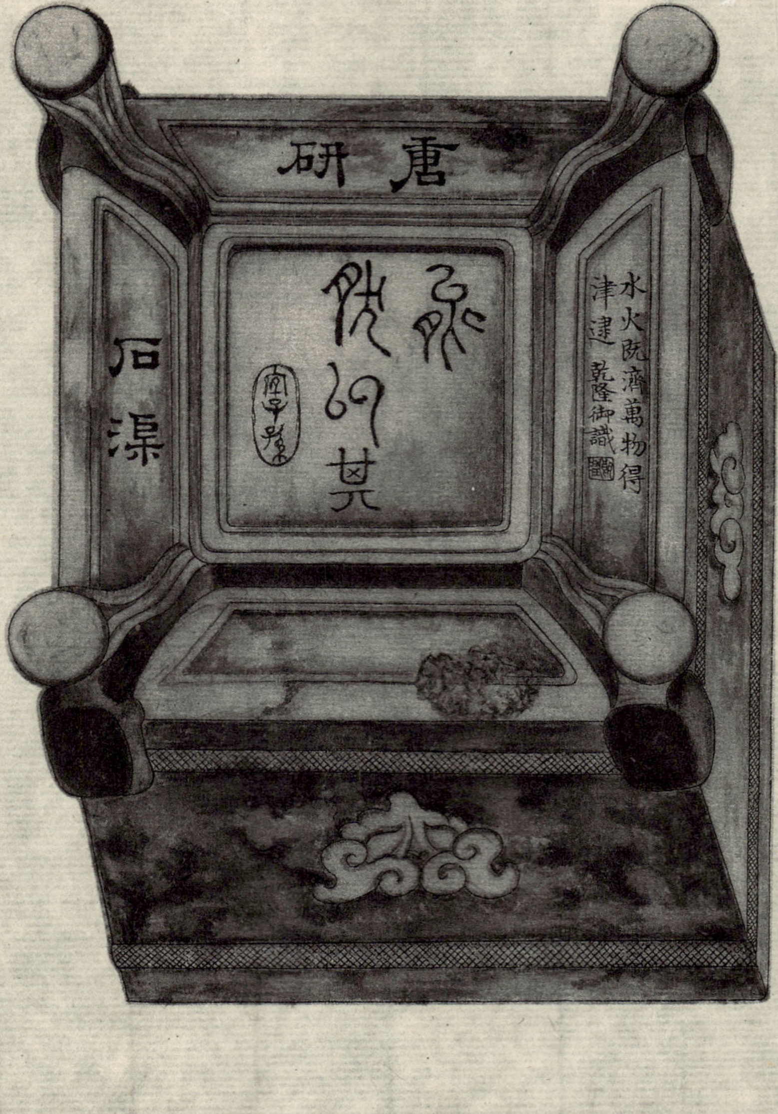

魏興和甎硯説

硯高四寸一分寬二寸九分厚六分魏興和時甎也質細聲堅古意穆然不知何時始琢爲硯面正平受墨處刻作缾式即缾口爲墨池深二分硯側週鐫

御題銘一首楷書鈐寶一曰比德硯背鐫大魏興和年造六字隸書上方左側嵌半兩錢一枚并玉蕊片二似係入土年久粘漬者考明高濂遵生八牋稱

魏興和專鳳背面圖

魏興和輒硯背面圖

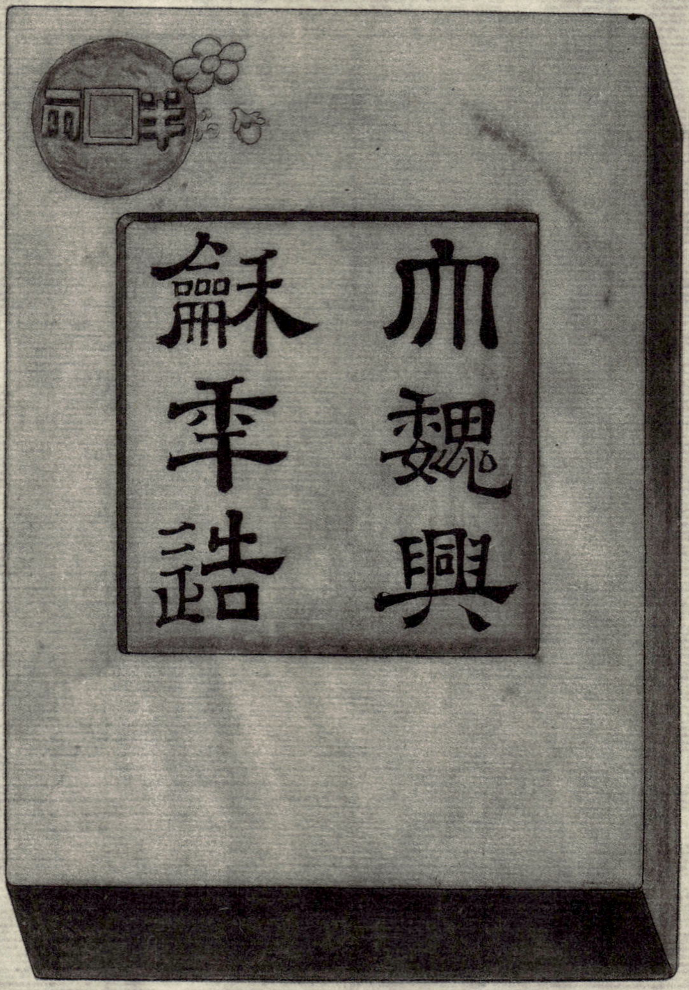

御題詩一首隸書鈐寶二曰比德曰朗潤底鐫虎伏二
字篆書謹案
内府所藏虎形硯共五方皆質係澄泥雖色分黄赤
背款亦有作虎符字與此不同而形體尺度大畧
相彷疑出宋人手製惟此硯更為古澤似得漢時
舊瓴礱治為之者匣蓋内鐫
御題詩與硯同鈐寶二曰會心不遠曰德充符

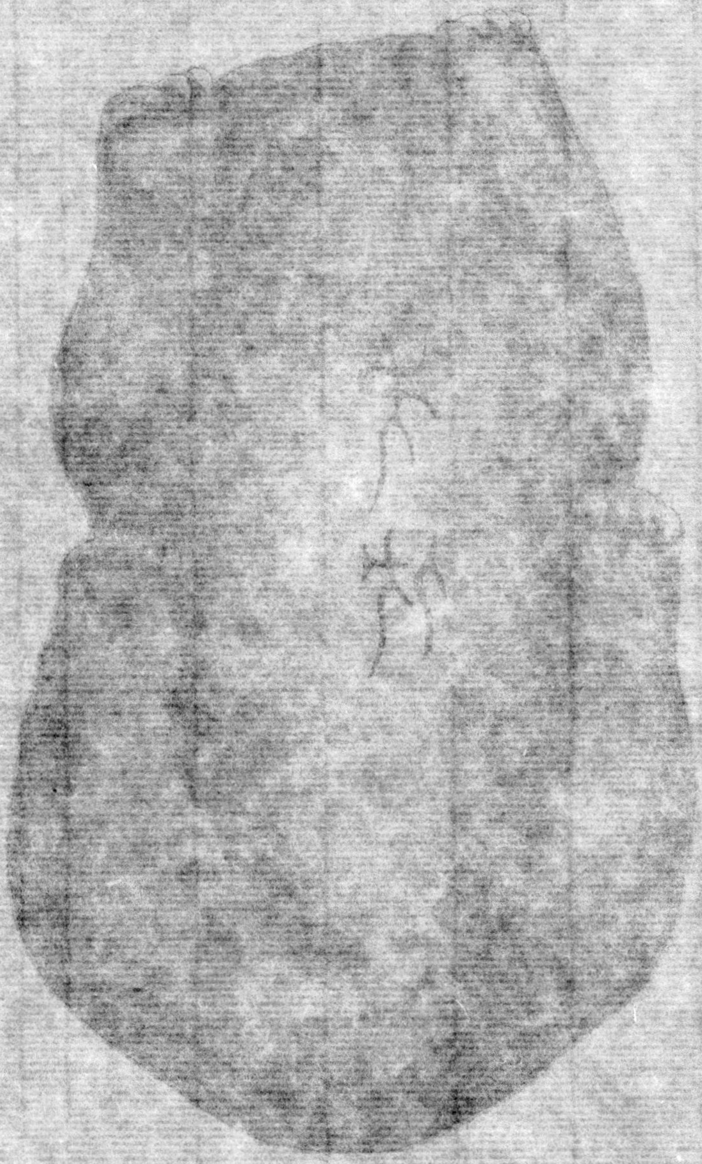

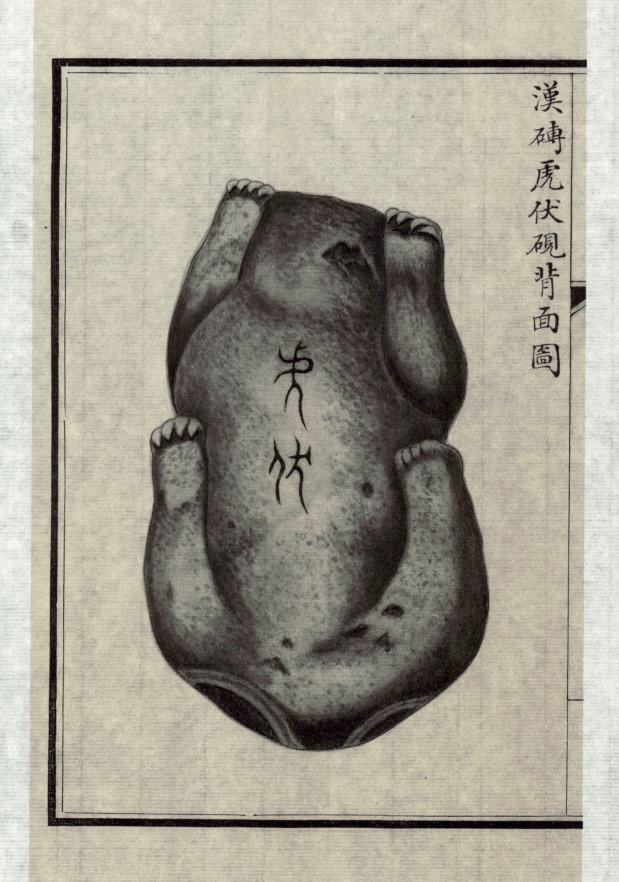

漢磚虎伏硯背面圖

漢磚虎伏硯蓋内面圖

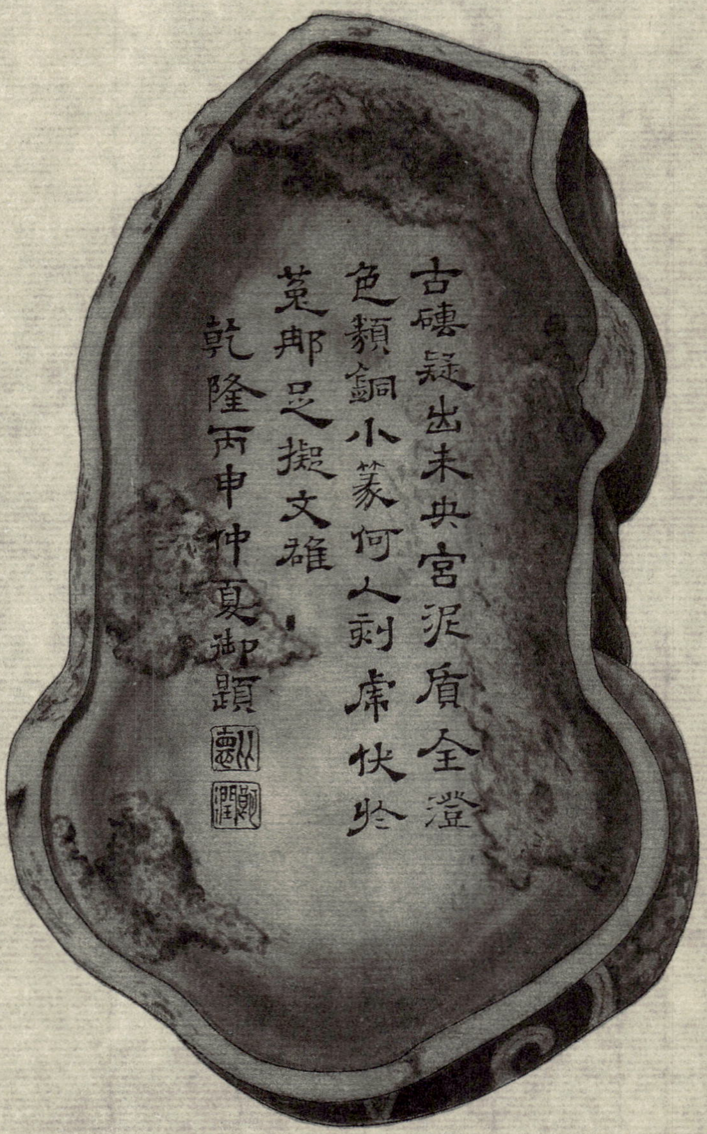

隸書
鈐寶一曰得佳趣是硯刻鏤俱極古雅有刀法徧
裹青綠砂斑尤有寶色如古鼎彝體質瑰厚較唐
石渠硯更為渾穆

漢磚石渠硯背面圖

皇衷之密神之聽之多福是錫民之質矣徧為順德

臣鄂容安銘　維兹珉石膺受多福樸然天成渾

渾穆穆體端而静性堅以貞以濡以沐潤色蒼生

濡之以毫為霖為雨曾不崇朝徧於寰宇沐之以

墨如綍如綸沛若江河達於崑崙勿謂萬類聚之

几席藉此方寸通其呼吸雖有萬事資以助之著

於一紙九有勿遺運行在心吐納在腹一滴涓涓

中外咸渥膺福者硯錫福者

臣彭啓豐銘　雲根出山霞蔚其文墨池灑潤結

藻流芬以介繁祉百福千祀與金並堅比玉同美

挹彼注茲潤色鴻熙出納

綸誥

恩膏溥施靜德無聲榮光似鏡正直守中端凝主敬維

德之馨錫賚有銘盤盂並鑒彝訓是經我

皇至德受釐保佑配命自求乾行坤厚

天葩刊珉輝光日新建極錫福箕疇載陳

尚勵乃績一乃守含章靜嘿遠氛垢萬歲千齡奉

我

后

臣蔣溥銘　維

皇建極錫福下民言傳號渙灑澤為春覯茲石英德象

坤厚蓄故能容靜故能壽爾陳丹几夙夜懋勤根

柢經訓扶質敷文抱貞守一沾濡朝野漸之摩之

悠也久也遜志時敏

祖之鑒佑致風雨其咸時斯蒼生之多福即予一人之
多福永與薄海而共之

平州銘　汶水之清實毓其精人心抱質翰墨流
英貽厥孫子紹我家聲

又　獲硯即如獲田有田正可種福願我世子
孫慎毋懈於明讀

無款識語　見在之福積自祖宗者不可不惜將
来之福遺於子孫者不可不培

銘硯數語而
深宮宵旰凡所以措斯世斯民於熙皥之盛胥於是乎
在矣外匣蓋鐫臣任蘭枝臣蔣溥臣劉統勲臣彭
啓豐臣張若靄臣鄂容安臣介福銘各一首俱楷
書

[illegible]

[illegible]

[illegible]

[illegible]

[illegible]

[illegible]

[illegible]

[illegible]

並楷書左角鐫寶一曰乾隆珍翫硯背左角鐫多
蝠二字篆書中土脈墳起處刻蝠形隱約可辨者
幾十餘上方鐫銘四十八字署款曰白甀緣人贊
五字並楷書平州及白甀緣人俱無考是硯色黄
肌細扣之作土聲確係是陶非石平州作銘止云
汶水甀精亦未確指為石也惟白甀緣人贊稱泰
山所鍾始誤認為石遂致沿訛使佳硯本質不彰
考漢以前陶埏精良三臺之瓦世所膾炙其餘搆

多福
多福

種福須我世世子孫慎毋
懈於眀讀 平州
見在之福積自祖
宗者不可不惜
將来之福遺于子
孫者不可不培

包氏對登天歷唯十卷

皆氏老氏大學[illegible]序一卷

吕氏[illegible]書源二集卷二

[illegible]

欽定西清硯譜

唐石渠硯二 樂壽堂

唐澄泥六螭石渠硯

唐八棱澄泥硯 獅子林

闇縹瓦鱗鱗梵禁墻當塗易代何蒼凉土花蝕透
碧鴛鴦朅来尋向鄴城疆建安紀年字一行輸之
天府等琳琅如琢如磨精且良不須刓圓更毀方
陶泓清泚疑截肪彩毫輕試墨花香錦綺緗緘七
寶裝掩映圖史琴書傍扶雲漢兮分天章以壽貞
珉千秋光

遭逢登几席以雍容陳秘殿松花汎臺安在哉瓦為硯可鑑

臣厲宗萬銘　凌雲已歒歌臺何處片瓦猶存潤滋僊露墨侯守之管城永固

臣裘曰修銘　割據空歌舞寂弔荒基得遺甓始摩抄纔湔滌名工師慎脩飾良材呈嘉名錫侣中山客子墨堪為朋用比德芸閣中縹囊側更千年永無極

御題詩一首楷書鈐寶二曰古香曰太璞硯面左側鐫臣汪由敦銘一首篆書臣勵宗萬銘一首隸書臣裘曰修銘一首右側鐫臣梁詩正銘一首俱楷書臣張若靄銘一首隸書臣陳邦彥銘一首楷書下鐫臣董邦達詩一首行書考句曲外史元張雨自號趙孟頫亦嘗自稱水晶宮道人墨林居士即明項元汴是硯與困學齋藏瓦硯皆背無葛麻紋雖不能定其必係漢瓦然既經孟頫諸人鑒藏製作印

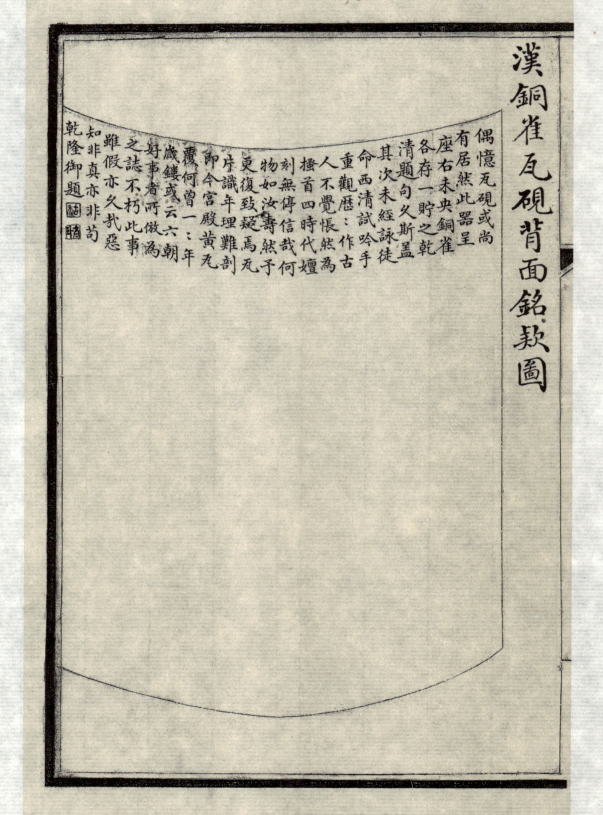

漢銅雀瓦硯背面銘款圖

偶憶瓦硯或尚
有居然此器呈
座右未央銅雀
各存一貯之乾
清題句久斯盖
其次未經詠徒
命西清試吟手
重觀歷〻作古
人不覺悵然為
搔首四時代嬗
刻無停信哉何
物如汝壽然予
更復致疑焉瓦
片識年理難剖
即今宮殿黃瓦
覆何曽一〻年
歲鏤或云六朝
好事者所倣為
之誌不朽此事
雖假亦久哉惡
知非真亦非苟
乾隆御題

又[illegible]圖

漢銅雀瓦硯背面圖

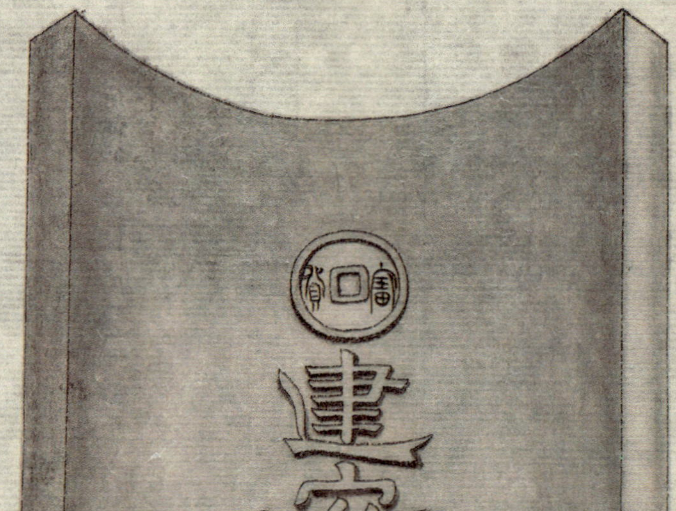

山嶠

仙識

漢銅雀瓦硯說

硯高八寸一分寬五寸八分厚一寸色黝而澤考高似孫硯箋稱銅雀瓦澄胡桃油埏與衆瓦異此硯彷彿似之受墨處橢圓三寸許墨池深四分硯首鐫銘三十二字篆書無款左右鐫爲愛陶甄之宜[質]加即墨之封十二字行書下方鐫識語二十三字并洪武辛未重九臞仙識九字皆行書上方側鐫

漢銅雀瓦硯背面圖

[illegible]

[illegible]

[illegible]

[illegible]

[illegible]

仲自號丹邱生明姚綬號雲東逸史工翰札與文徵明同時是硯蓋經九思珍藏流傳至綬而徵明爲之作銘云匣蓋鐫

御題銘與硯同鈐寶一曰御賞上方鐫蒼精二字隸書匣底内鈐寶一曰乾隆御玩

漢銅雀瓦硯背面圖

臣董邦達銘　銅臺燬矣隻瓦猶新臺因時圮瓦以硯珍質溫而栗光黝而純鑿無馬肝古色漸湮鑿無鳳咮追琢損真維此范土堅埒貞珉面隆腹窪肉好適均以濡不律以砥龍賓圖球共寶棐几長春

臣陳邦彥詩　歷畫漳河畫棟塵琢成良硯龍芳硯池凹缺染苔痕碧款字長留舊迹新棐几明窗供雅玩舞衫歌板認前因濃磨子墨裁青史猶記

宿墨池清泚星光屬依稀照影漳河曲

臣張若靄銘　鄴土猶新漳流不蝕用佐古香代

文以質

臣裘曰修詩　鄴都漳水流涓涓高臺遺跡埋荒

烟行人拾得臺上甎既礱既治煩磨鑴中央彷彿

月未圓凹之如沼還如田絳人管子來因緣爰登

筍席陳琱筵其陰題識尚宛然製自建安十五年

上鑱寶貨之古泉下刻呦麃伏且眠布痕猶皺膚

而與墨林、印連用大小如一或亦元汴所用者是

硯歷宋及明俱有、名家收藏圖記且墨鏽深厚古

香可挹尤足寶也匣蓋鐫、

御題銘與硯同鈐寶二曰幾暇怡情曰得佳趣上鐫銅

雀瓦硯、四字隸書匣底鐫寶一曰乾隆御玩

漢銅雀瓦硯説

硯高八寸六分寛五寸四分厚五分箭穹起離几一寸七分漢銅雀瓦為之受墨處橢圓上為墨池深五分許上方鐫

御題銘一首楷書鈐寶二曰乾隆御玩墨池左鈐寶一曰乾隆御賞上方左鐫雪堂二字篆書右有龍眠二字方印一右旁近邊處鐫困學齋真賞五字隸書下方近左有墨林及淨因菴主方印二硯左方

藥師會主[illegible]

漢銅雀瓦硯背面圖

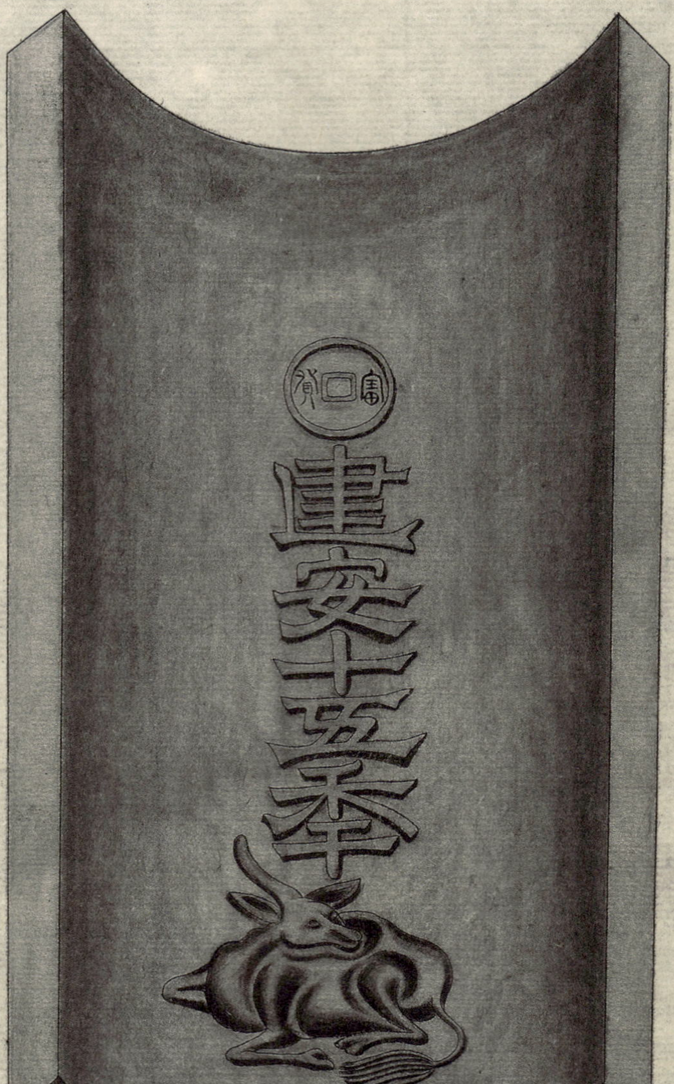

實[illegible]一[illegible]實之一[illegible]之文[illegible]曰[illegible]人[illegible]

亦[illegible]之一[illegible]風[illegible]木[illegible]而[illegible]

[illegible]

[illegible]

[illegible]

[illegible]

[illegible]

[illegible]

建安十五年造又其所著隨筆云贑雩都灌嬰廟
左有池浔瓦可為硯其色正黄按此硯惟隸書缺
一造字餘俱與洪适所載脗合洵漢瓦無疑
又按硯之佳者稱細膩潤澤蓋細不損筆膩乃發
墨潤則貯墨含采澤則水氣外溢不易乾也端溪
水岩石著手如蒸呵之則水滋故魏繁欽賦有漸
漬甘液之語揮麈録載陳公密硯每遇陰晦輒興
雲霧言其質之常潤也又文房四譜云絳縣人製

一當由古今尺度不同或即其故物匣蓋鐫

御題詩與硯同鈐寶二曰幾暇怡情曰得佳趣匣底内

鐫識語二則共二百二十九字俱隸書

漢銅雀瓦硯說

硯高七寸六分寬四寸八分豐下削上厚一寸七分亦漢銅雀瓦受墨處琢為瓶式瓶口為墨池硯首鐫

御題古詩一首隸書鈐寶二曰比德曰朗潤硯背印建安十五年五字陽文隸書四周葛麻文是硯質理細潤黃如蒸栗滴水不乾觸手生潤雨後氣凝如露蓋久承簷溜滋液滲漉所致如端溪水巖

漢銅雙犬錢背面圖

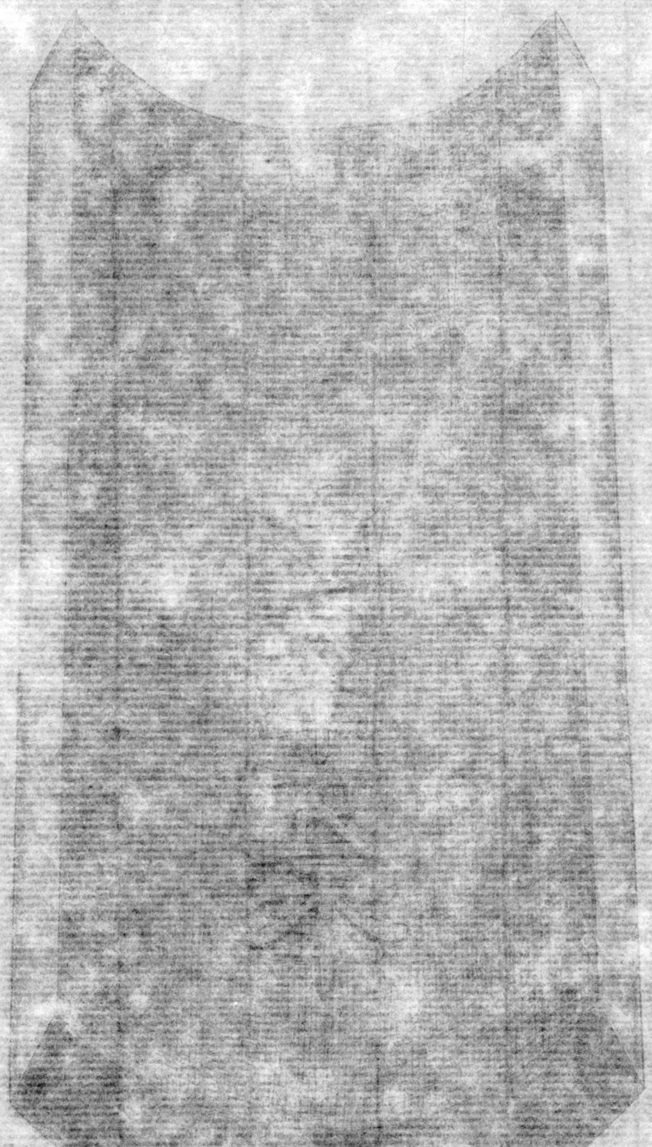

漢銅雀瓦硯背面圖

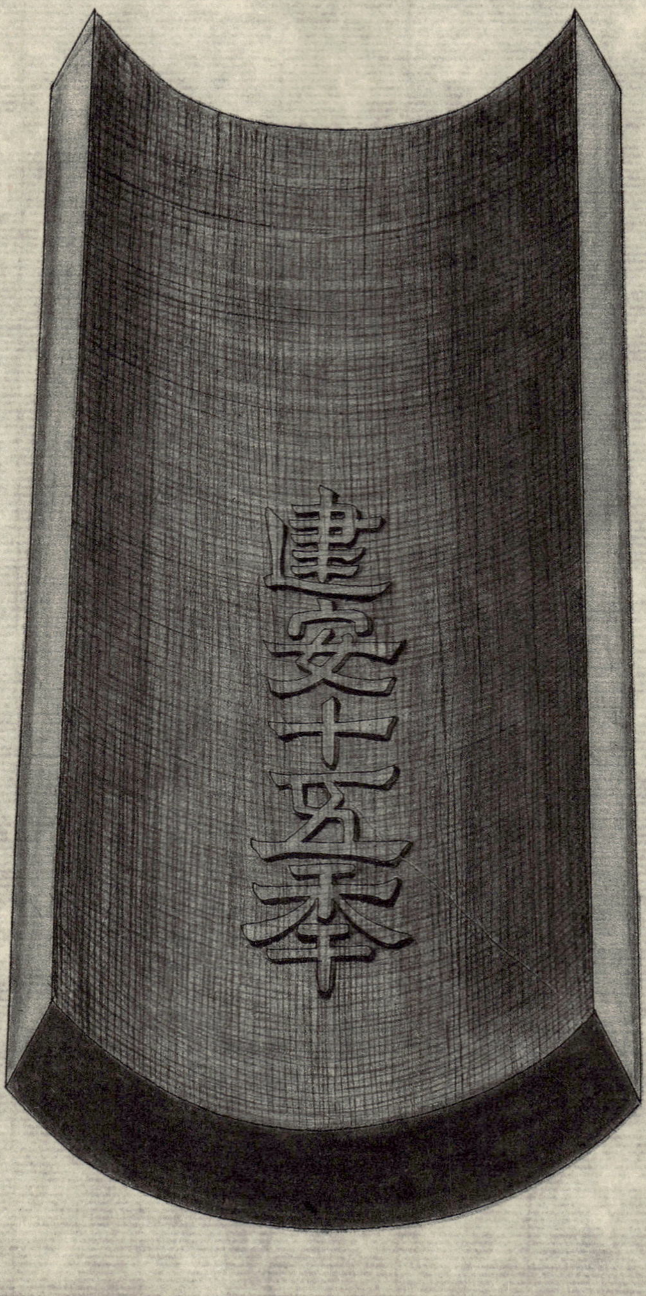

注不寫

書媒文畝資幽適詎數虢州土貢佳呵之直欲流神液
寄情竹素玩古今松雪齋中想捉筆是硯為趙孟頫家舊藏今流傳內府
非人磨墨墨磨人東坡果入維摩室

此下七行寫御製
新錄段

內篆文璧字从玉係誤也
此處應俱改从土

臣梁詩正銘 范土鍛火出離入巽匪石同堅得水永潤
臣汪由敦銘 色黝象天兮涵太素玉潤金堅兮奎壁護
臣勵宗萬銘 慎濯磨壽者靜萬斯年圖疇永

硯體色瑩澤貯墨含采與未央宮東閣瓦硯同而
規制小異歷宋元明俱經賞鑒家收藏流傳有緒
誠可寶也匣蓋鐫
御題詩與硯同隸書鈐寶二曰會心不遠曰德充符

右在前
左在後

漢銅雀瓦硯說

硯高七寸九分寬五寸厚一寸六分漢銅雀臺瓦也瓦背刳中橢圓為受墨處高三寸五分寬二寸八分其上為墨池若卣之有梁深五分左方鐫寶晉齋真賞五字篆書右方上有公綬二字方印一下鐫老鐵二字隸書硯首鐫

御題古詩一首楷書鈐寶二曰太朴曰古香下又鈐寶一曰乾隆御賞右旁鐫臣梁詩正銘一首楷

漢[illegible][illegible]大[illegible][illegible][illegible]圖

漢銅雀瓦硯背面圖

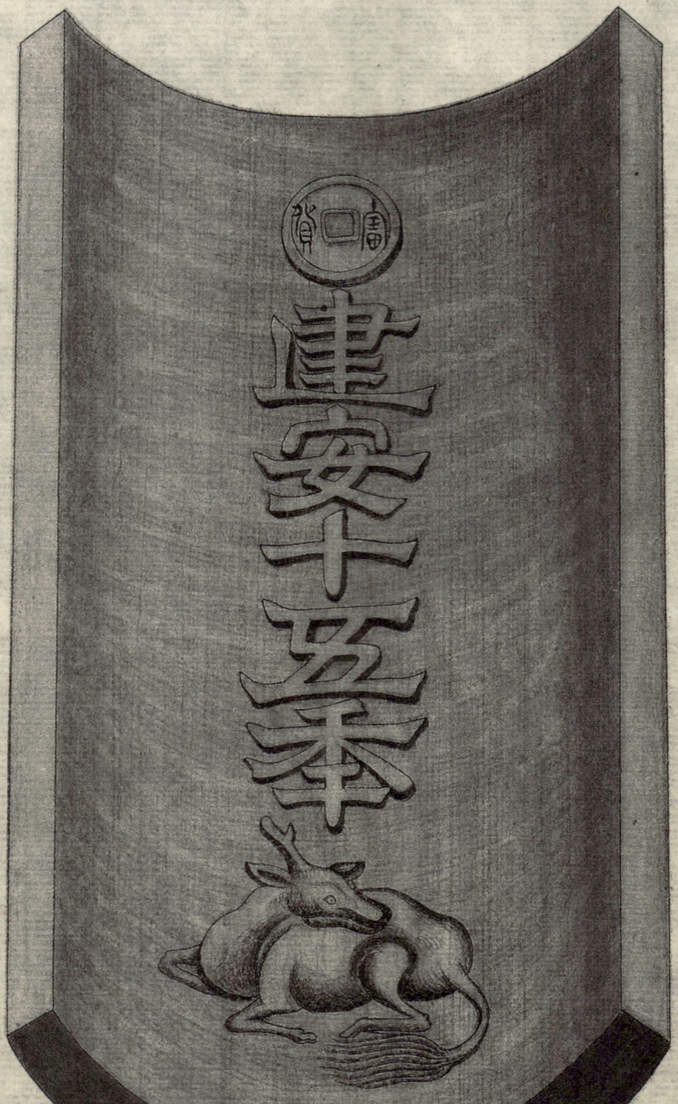

一教習回籍不詣本衙門稟辭者

存昔同、樹不語今並石能言

和寫

臣汪由敦銘　陶之精堅以瑩柧棱特起維漢京

雄

、閱年幾何來書府日摩抄氣逼古

臣張若靄銘　露凝仙掌殿隱卿雲鱗差櫛比黃

、屋玢豳翔鴛頋影眠柳搖春一器之傳珍逾尺

、辟誰其繼者工斯埏埴陶泓楮生銘茲炎德

臣董邦達銘　未央宏麗溫室深嚴漢宮遺製既

、雕既鑱珊瑚作架玳瑁成函泐銘其上用志大

、凡

俱隸書右側鐫臣梁詩正臣勵宗萬臣裘曰修銘
各一首俱楷書下方鐫臣陳邦彥銘一首行書篆
裏有未央宮北温室殿用蕭何監造十二字隸書
陽文款攷宋駙馬都尉王詵字晉卿元鮮于樞字
伯幾自號困學齋民喬簣成亦元人是硯蓋詵故
物而流傳既久鮮于喬氏並經賞玩故各有印識
云硯匣蓋上鐫未央宮温室丸硯七字隸書鈐寶
一曰乾隆御玩下鐫

漢未央宮北温室殿瓦硯正面銘款圖

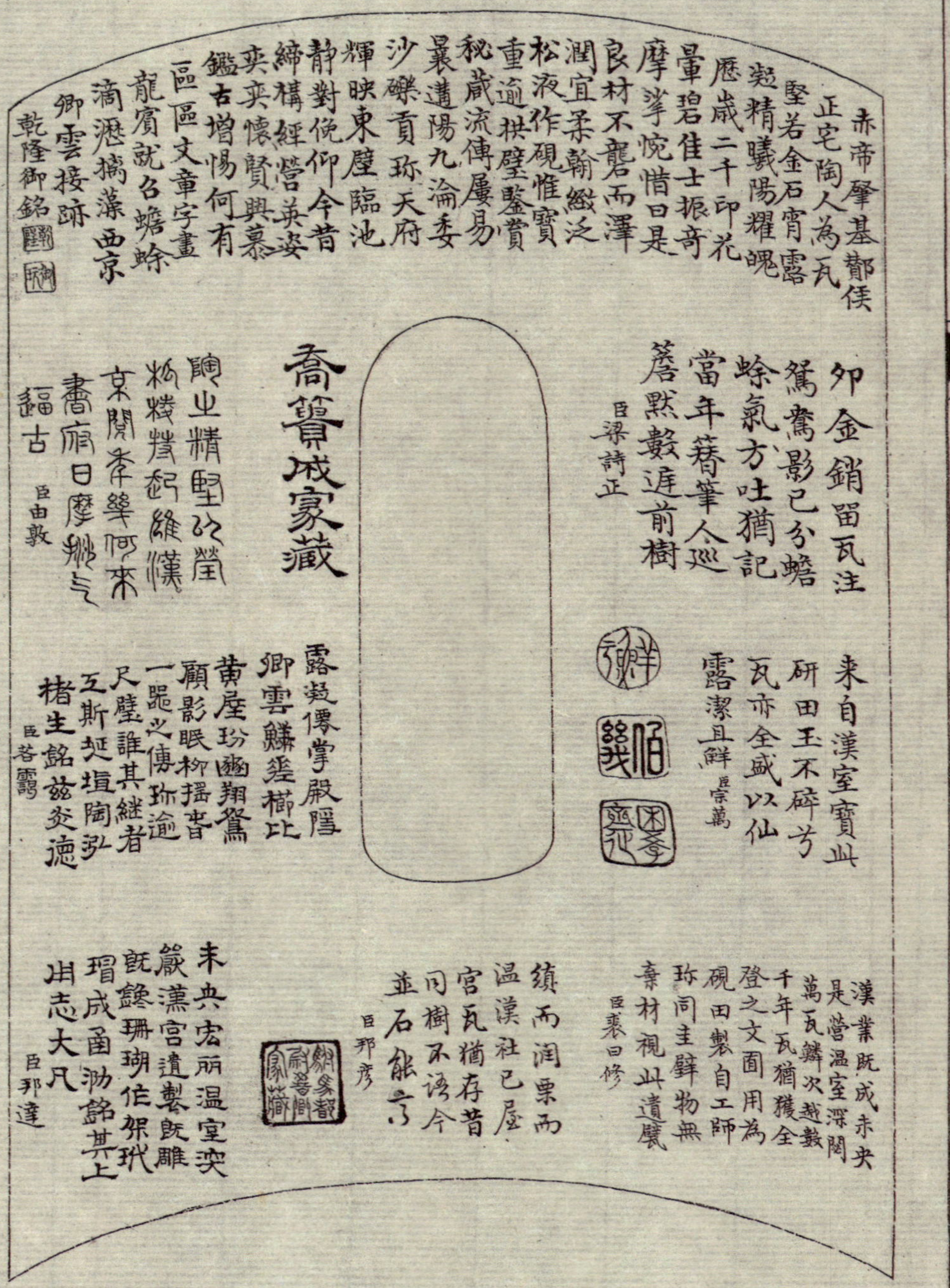
赤帝肇基酇侯
正宅陶人為瓦
堅若金石霄露
凝精曦陽燿晛
歷歲二千印花
暈碧佳士振奇
摩挲惋惜曰是
良材不礱而澤
潤宜柔翰緻泛
松液作硯惟寶
重逾拱璧鑒賞
秘藏流傳屢易
曩遺陽九淪委
沙礫貢珍天府
輝映東壁臨池
靜對俛仰今昔
締構經營英姿
奕奕懷賢興慕
鑑古增惕何有
區區文章字畫
龍賓就召蟾蜍
滴瀝摛藻西京
御雲接跡
乾隆御銘
卯金銷留瓦注
鴛鴦影已分蟾
蜍氣方吐猶記
當年簪筆人巡
簷默數連前樹
臣梁詩正
來自漢室寶此
研田玉不碎兮
瓦亦全盛以仙
露潔且鮮
臣宗萬
喬寶成家藏
胸业精堅以瑩
松棧栈起維漢
京閑來筆何來
書府日摩挲之
鑑古
臣由敦
露凝傳掌殿暉
御雲鱗差櫛比
黃屋珍幽翔鴛
顧影眠柳揺昔
一踞之傳珍逾
尺璧誰其繼者
五斯埏埴陶泓
楮生銘茲炎德
臣若靄
漢業既成赤央
是營温室深閟
萬瓦鱗次越數
千年瓦猶獲全
登之文囿用為
硯田製自工師
珍同圭璧物無
棄材視此遺贜
臣裘曰修
绩而润栗而
温漢社已屋
宮瓦猶存昔
同樹不語今
並石能言
臣邦彥
未央宏麗温室突
巖瀟宮遺製既雕
既鍰珊瑚作架玳
瑁成函沕銘其上
用志大凡
臣邦達

漢未央宫北温室殿瓦硯背面圖

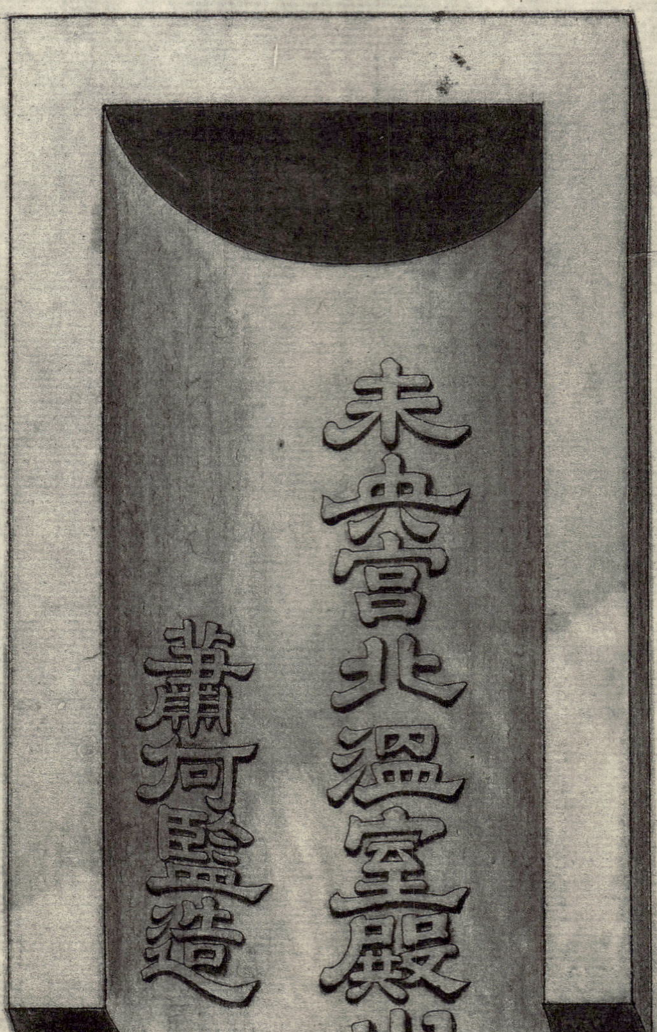

亦求舊眷茲鴛飛用儕鳳咮製樸以淳質渾而
厚潤色鴻文功昭世宙

臣陳邦彥銘　漢宮鴛瓦兮匪玉匪石承明鳳池
兮如圭如璧長奉君王染翰兮億萬年其無斁

臣裘曰修銘　阿房火後未央出高拂星辰薄雲
日轉眼銅駝卧荆棘瓦聲墮地秋蕭瑟雨蝕沙
埋光彩溢題字摩挲未全失緊誰規作文房物
觀乎人文占象吉招邀龍賓走不聿襲以緹緗

8
平寫不必照元本
次行又低二格

名陶成四百年以後共置明窗淨几閒阿瞞有知應自
咎鄴侯豈藉是硯傳是硯真因鄴侯壽
臣梁詩正銘　元雲蒸蒼玉獲未央瓦鄴侯作軼
、甘泉藐銅雀刀筆意早相託到於今伴圖籍播
、清芬石渠閣
臣張若靄識語　前千百年漢家為宮陶人效之
、鄴侯監之後千百年漢宮何在耕者得之文房
、用之

輕清宜筆發墨寶為勝之且經宋元明名人鑒藏
真足令龍尾羞牛後矣亟盖鐫
御題詩與硯同隸書鈐寶二曰幾暇怡情曰得佳趣

謹案
內府舊藏瓦硯甚夥惟此與後銅雀瓦硯第一第二最為
瑩潤歲閱千餘代經丗數三硯同邀
御賞
題識弆藏

漢未央宮東閣瓦硯說

硯高七寸四分寬五寸三分厚一寸三分漢未央

宮東閣瓦也凡廿四為文墨處精回西三十五分寶

二十八分左右上鐫金華宋濂寶玩六字篆書十

右太學生蔣三守長吾甲一右方千鐘集賢學士虞

集伯生明詩凡十一字隸書上方銘

御題[redacted]詩一首楷書鈐寶二曰幾暇曰以德大字

銘曰梁詩正銘一首楷書曰梁若靄撰銘三十二

漢未央宮東閣瓦硯說

硯高七寸四分寬五寸二分厚一寸二分漢未央宮東閣瓦也瓦背為受墨處橢圓高三寸五分寬二寸八分左方上鐫金華宋濂寶玩六字篆書下有老學菴三字長方印一右方下鐫集賢學士虞集伯生甫珍藏十一字隸書上方鐫

御題[redacted]詩一首楷書鈐寶二曰澂觀曰比德左旁鐫臣梁詩正銘一首楷書臣張若靄識語三十二

漢未央宮東閣瓦硯背面圖

欽定西清硯譜目錄

第一冊

陶之屬

倣漢石渠閣瓦硯

倣唐八棱澄泥硯

倣宋玉兔朝元硯

倣宋德壽殿犀文硯

倣宋天成風字硯

走行低二格

倣古澄泥六硯

走行低三格

倣漢未央甎海天初月硯

倣漢石渠閣瓦硯

倣唐菱鏡硯一　景福宮

倣唐菱鏡硯二　慎修思永

倣唐觀象硯　萬方安和

倣澄泥虎符伏硯　文源閣

倣宋宣和梁苑雕龍硯　養性殿

第二十四冊

附録

刻低二格

倣古六硯　寧壽宮

松花石翠雲硯乾清宫
松花石蟠螭硯
松花石河圖洛書硯
澄泥硃硯懋勤殿
澄泥墨硯懋勤殿
宋哥窑蟾蜍硯
舊烏玉硯
第二十三冊

第二十一冊

石之屬

舊龍尾石日月疊璧硯 方壺勝境

舊龍尾石合璧硯 齋宮

刪卅一行

舊歙溪金星玉堂硯

舊歙溪石函魚藻硯

舊歙溪蒼玉硯 景福宮

舊洮石黃標硯 咸福宮

舊坑白端[illegible]硯[illegible]

石[illegible]

第三十冊

舊端石徽州石米硯 [illegible]

舊端石太星石米硯 [illegible]

舊端石飛黃硯 [illegible]

舊端石文昊硯 [illegible]

舊端石單集硯 [illegible]

舊端石半蕉硯 賞皇六子

舊端石七光硯 賞皇十一子

舊端石飛黄硯 賞皇十五子

舊端石七星石渠硯 賞皇十七子

舊端石倣唐石渠硯 賞皇十七子

第二十冊

石之屬

舊蕉白緘鎖硯 懋勤殿

舊端石多福硯
舊端石驪珠硯
舊端石十二章硯
舊端石天然六星硯
舊端石四螭硯
舊端石雁柱硯
舊端石環螭風字硯
舊端石梅朶硯

第十七册

石之屬

舊端石石田硯

舊端石六龍硯

舊端石蟠夔鐘硯

舊端石洛書硯

舊端石鶩硯

舊端石雲芝硯

明蒼雪菴鳳池硯
舊端石鳳池硯養心殿
舊端石雙龍硯延春閣
舊端石飲鹿硯千秋亭〻
第十六册
石之屬〻
舊端石海天浴日硯寧壽宫
舊端石太極硯淳化軒

宋玃村石鳳池硯
元趙孟頫松化石硯
元黃公望癡菴硯
元釋海雲端石硯
元凝松硯乾清宮
明楊士奇舊端子石硯
明唐寅龍尾石瓦硯翠雲館
明李夢陽端石圭硯賞皇十一子

宋端石列宿硯賞皇六子

[redacted]

第十三冊

石之屬

宋紫端太平有象硯

宋紫端涵星硯

宋紫端石渠硯延春閣

宋紫端雲腴硯

宋蕉白七子硯

删此行

宋端石石一硯

宋端石平直硯 桃花塢

宋端溪天然子石硯

宋端溪子石蟠桃核硯

宋端石三星硯

宋端石聚奎硯

宋端石洛書硯

宋端石石一硯

第十二冊

石之屬

宋端石騰蛟硯

即前宋宣和之例不必改南宋

南

宋景之蘭亭硯

宋垂乳硯 乾清宮

宋黝玉硯 乾清宮

宋紫雲硯 乾清宮

宋暈月硯 乾清宮

宋端石海天硯 延春閣

宋合辟端石硯 寧壽宮

宋端石雲腴硯 奉三無私

唐觀象硯 乾清宮
唐淩鏡硯 乾清宮
宋宣和梁苑雕龍硯 養性殿
宋宣和海珠硯
宋宣和洗象硯
宋宣和風字暖硯

第八冊

石之屬

第六冊

陶之屬

明製瓦硯

舊澄泥方池硯　齋宫

舊澄泥卷荷硯　坤寧宫東暖閣

舊澄泥玉堂硯一　懋勤殿

舊澄泥玉堂硯二

舊澄泥藻文石渠硯

宋澄泥黼黻綯紋硯

宋澄泥蕉葉硯

宋澄泥蟠螭硯

宋澄泥夔紋硯

宋澄泥直方硯

第五冊

陶之屬

宋澄泥辟水硯 倦勤齋

宋張栻寫經澄泥硯
宋澄泥虎符硯一 養心殿
宋澄泥虎符硯二 漱芳齋
宋澄泥虎符硯三 符望閣
宋澄泥虎符硯四
宋澄泥石函硯一 重華宮
宋澄泥石函硯二 尋沿書屋
宋澄泥石函硯三
宋翠濤硯 乾清宮

增入此一行

[illegible]

漢銅雀瓦硯四　別有洞天

漢銅雀瓦硯五　熱河

漢銅雀瓦硯六　寧壽宮

第二冊

陶之屬

漢甎多福硯　乾清宮

漢甎石渠硯　頤和軒

漢甎虎伏硯　延趣樓

惟我
朝發祥東土混同緑砥德比玉温琢硯進
御經
列聖暨
皇上御題者甚富謹擇其質良製佳者譜諸附録之首
以見
文運肇興扶輿彰瑞至於硃墨二硯倣古各式均出
睿裁評定

御題之後下逮臣工奉
勅恭和之作亦得榮預簡末
一前人譜硯往往詳於說而略於圖惟明高濂遵生
八牋圖說並列然亦略具形模未彰全體是譜所
繪尺度既用線法収分其不及分者注明硯圖之
首至其形製刻畫若蓬萊道山蘭亭等圖細至菱
螭虫鳥無不摹寫入微而於石質損駁眼蛀金星
翡翠之屬尤極意皴染各開生面其有一圖繪至

其曾經名流手澤者即以人系硯冠於每代之首以志雅尚一是譜所登諸硯或供臨池御用或經鑒定弆藏什襲各有專司如乾清宮東西暖閣三友則緗帙同排兩晉則綈几對列他若十干標古而篋貯琳瑯衆品羅珎而箱盈磊砢譜中雖按時代裒次散見各卷而於圖說仍

御製西清硯譜

御序并

錫名曰西清硯譜允堪滙成巨觀徵信墨林

一諸家硯譜雖間及收藏銘款不過偶爾標題未能

遍加品藻我

皇上文思天縱萬幾餘暇既拔其萃登諸

翰筵且寵以

天藻玄銘或詩信手拈出如化工之肖物而於斂時錫

福慎樞機惜隱淪戒玩物尤般般致意蓋即小喻

若干枚新獲者若干枚其棄置庫中為之剪拂刮磨礱
為奇品者又若干枚譜既成欲命于敏中擬四六引言
以行之既思題句銘辭皆自作且六日而成四十首所
為惜淪棄悟用人慎好惡戒玩物無不三致意焉則又
不可以無文而不序其梗槩也昔許採一文人耳藏硯
幾至百枚茲百年太平石渠天祿之府貯硯多至二百
枚亦不為過而予以為已過者蓋意有所好必有所繫
若謂文房之資立言傳道有異他物之為嗟夫是予所

以毛筆手繪體現其立體透視關係，每方硯臺的細節描繪精到，對研究清代宮廷美術史也具有重要的研究價值。

本次出版另有别册兩部，一册爲中國美術學院沈樂平教授以他對硯文化的了解與對古籍圖書的研究，對全書文字進行整理標點，便於讀者與研究者使用、閱讀；另一册將書中所繪部分硯臺與現存硯臺原物圖對比編排，使讀者更能直觀清晰地了解研究《西清硯譜》所繪硯臺之原貌。

同時，爲了真實還原清代宮廷繪畫的原貌，該書采用原色仿真影印，綫裝分册出版，力求爲當代讀者呈現一部原汁原味的《乾隆御制稿本西清硯譜》。

上海書畫出版社

二〇一七年元月